稼ぐが勝ち

ゼロから100億、ボクのやり方

堀江貴文

知恵の森文庫

はじめに　この本を手にとってくれた人へ

八〇年代とその終わりまでのバブル経済の頃は、街の主役の層が目に見えていた感じがします。元気に街を闊歩《かっぽ》する消費のリーダーたちが見えていたように思えました。

しかし、いまはあまり元気にやっている層が見当たりません。

昔、「ビッグコミックスピリッツ」で『平成ノ歩キ方』（木村和久）というコラムが連載されていました。昼も夜も、街を徘徊《はいかい》する成金青年や自称実業家たちやその周りのギャルたちを、面白おかしく、ときには皮肉って表現していました。あれは一見社会学的手法を使っているようで、実はぜんぜん違うものなのですが、とにかく街の代表的な層を活写していたわけです。

それがいまの時代は、当時の「女子大生」や「ニューリッチ」といった目立った層が見えなくなっている。僕はそれは当然だと思っています。

当時は、人々のマインドがどこかの層にきちんと収まっていたのです。それは上流層でもなければ下流層でもなく、「我が家は中流」という意識だったのだと思います。

ところが現実をふりかえると、どうもおかしい。

中流といっても生活は楽ではないわけです。中流クラスとは、金持ちではないけれど貧乏でもないという中途半端な状態です。それなので三五年ローンを組んで家を買ってしまったりする。そしてそのローンを返すために、朝から晩までがんばる。せっかくのマイホームで家族と過ごす時間を犠牲にして働くという、本末転倒の状態です。エリートでもないのに、エリートのライフスタイルの情報があまりにも入ってきてしまったので、必死に追いつこうとするわけです。

その一方で、貸家住まいの下流層のほうが、バブル成金に比べたらつつましいけれど、より文化的でかしこい生活をしている現実も見えてきた。

大多数だった「中流」が「ほんとうに自分は中流だったのか」と疑問に思いはじめた、というのが現在の状況だと思います。

これまで「自分は中流」と思い込むことでなんとなく満足していたのだけれど、年金の支給年齢が繰り上げられる、医療負担が増えていく、会社をリストラされる、ということで、さすがに疑問を持つようになってきた。景気が右肩上がりの時代はよかったのですが、景気が悪くなったことで、いろいろな見えにくかった問題が顕在化、というよりもっとはっきりと、視覚化されてしまったわけです。

別の言い方をすれば、誰もが思い浮かべるような「成功」を達成できるのはごく一部の人間で、「自称中流」は幻想に踊らされていたということが明らかになったのです。

新聞ひとつ見ても、都心の億ションと通勤圏内の格安マンション、特別仕様のヨーロッパ車と国産のエコノミー車、世界一周クルージングと一万円温泉ツアーとが、同じ紙面にならんでいるわけです。どう考えても狙っている客層は二極化されています。

「自称中流」は、いまや下層階級としての現実をつきつけられ、選択をせまられている。幻想に踊らされていたからこそ、現実の生活を我慢して受け入れてきた。みんなこんなもんだろう、と思い込んでいた。しかし、いまようやく多くの人が幻想から覚めようとしています。

少し前、マイサクセスという言葉を耳にしましたが、これは旧来の「成功物語」が破綻《はたん》したことと関係があると思います。誰もが同じ価値観を共有するのではなく、個人それぞれの価値観のなかでの成功が重視されるようになった。マイサクセスというくらいですから、個人個人で様々な成功のパターンがあるわけです。

これが、かつてのような街の代表的な層が見えなくなった理由だと思います。さらにインターネットの普及がこの流れに拍車をかけているのです。

すでに時代は変わってしまっているのです。

僕はこの変化は悪いことではないと思います。

たとえば、街の代表層が見えないということは、規格の画一化による大量販売よりも、よりエンドユーザーを向いた商売が有効になる。そして時代が見えないということは、逆に隠れた大きなチャンスがたくさんある、ということなのです。

僕はごく短期間で会社を立ち上げ、三〇歳で一〇〇億円を稼ぎ出しましたが、こういう世界のビジネスチャンスは、旧態依然のオヤジ世代にはつかむことができません。

これまでの社会システム・会社システムのなかに安住してきた人たちには、今後ますます苛酷な未来が待っていることでしょう。

この流れは変えることができません。これまでの「成功物語」の幻想を捨て、いますぐ新しい時代への対応を取るべきなのです。

この本が、皆さんが一〇〇億円を稼ぎ出すヒントになればと思っております。

稼ぐが勝ち、です。

堀江貴文

目次

第1章　カンタンに壁を破る人・ゼッタイに破れない人
――コネ・資金ゼロからの起業術――

第2章 堀江流「シンプル・イズ・すべて」
――売り上げ100億の経営術――

第3章　いま考えていること・これからやること
——100億から300億へ未来の種——

第1章

カンタンに壁を破る人・ゼッタイに破れない人

コネ・資金ゼロからの起業術

ライブドアって何の会社？

「ライブドアすごいね」と言ってくれる人がいます。僕たちがやっていることに共感して、株主になって応援してくれる人たちもいます。

しかし、そういう人でも、ライブドアの全事業内容を把握している人は実は少ないのではないでしょうか。積極的な事業展開やM&Aを繰り返すことによって、ライブドアの営業品目はどんどん増え続けているからです。

二〇〇三年の暮れに、僕は『100億稼ぐ仕事術』という単行本をだしました。その年の売り上げが一〇〇億円だったからです。

しかし、二〇〇四年度九月の決算では、二五〇億円以上の売り上げを達成することになると思います。だから、僕が本書で公表するのは、『250億稼ぐ仕事術』なのです。

一九九六年の創業以来、ライブドアの業績は倍々ゲームで伸びています。二〇〇四年七月時点で、インターネット関連企業としては、ヤフー、ソフトバンク、楽天に次いで業界四位の時価総額となっていますが、もちろん近い将来の逆転を狙っています。

「ところで、お前は具体的には何の事業をしてるんだ」と疑問に思う人は多いはずですので、ここで、ごく簡単にライブドアの営業品目と売り上げを説明しておきます。

現在、ライブドアでは七つの事業を立ち上げています。そこを順番に見ていくと、ライブドアの全体像がくっきり見えてくると思います。

まずは、「ネットメディア事業」です。

これはライブドアの事業のなかで、一番わかりやすいかもしれません。

インターネットの様々なサイトに接続する出発点となるのがポータルサイトですが、そのポータルサイト「ライブドア（http://www.livedoor.com）」を運営しているわけです。サイトの機能を向上させたり、コンテンツの充実をはかることがメインの仕事で、売上高は、この半年（〇四年度中間決算）で六億五一〇〇万円。

目標は、同じポータルサイトの「ヤフー」を抜くことです。

「ソフトウェア事業」は、その名のとおり、パソコンのソフトを売る部門です。

基本OSの「リンドウズ」、ウェブブラウザの「オペラ」、メールソフトの「ユードラ」をはじめ、毎月数タイトルの新作ソフトを開発販売しています。最近ではゲームなどのエンターテインメント分野にも力を入れており、売り上げは半期で、八億一九〇〇万円でした。

「eコマース事業」は、要するに、ものを売る仕事ですね。

ライブドアが経営するウェブショップ「アスキーストア」では、パソコン関連商品から家電製品、産地直送のズワイガニや生ウニなどの海産物まで、様々な商品を売っています。業績も伸び続けており、中間決算では四億三〇〇〇万円の売り上げとなりました。

「eファイナンス事業」は、お金を取り扱う部門です。

電子マネーの「Bit Cash」が取り扱いサイトの増加とともに業績が急拡大。

外国為替保証金取引の「ライブドアFX」も好調で、売上高は前年同期比四七三パーセント増の二九億九八〇〇万円となりました。〇四年七月にはオンライントレードサイトのライブドア証券を開設。今後、この分野はますます伸びていくはずです。

「コンサルティング事業」は、インターネット全般に関する相談を請けおう部門です。〇三年より営業を開始した「EXマーケティング」が好調で業績は上がり続けています。売上高はこの半年で一〇億五八〇〇万円です。

「モバイルソリューション事業」では、モバイル向けのサイト制作をやっています。

たとえば、「ケータイ・ライブドア」では、携帯電話からオークションに参加したり、

DVDをレンタルすることもできるようになりました。無料の着メロ配信サービスも充実しています。ヨーロッパにある子会社でも、モバイルコンテンツの提供は軌道にのり、売上高は半年で二億六一〇〇万円です。

「ネットワークソリューション事業」では、高速インターネット接続や貴重なデータを守るための「データセンター」の運営をメインに行っています。売上高は一八億九八〇〇万円。これで、だいたい八〇億円です。

この数字はあくまで中期決算の数字です。その後、〇四年度九月の業績予想を大幅に上方修正（二五〇億円）しましたので、この数字に三を掛けてもらえば、〇四年度の売上高がだせるのではないかと思います。

このようにライブドアは、インターネットの誕生によって発生したビジネス全般を扱っている会社なのです。

インターネットの世界は今後ますます進化していきます。いよいよ本格的に社会生活のなかに深く入り込んでいく時代になったのです。

この流れは変わることはありません。それがライブドアにとっての追い風になっています。僕たちは、まだまだ、倍々ゲームを狙っていくつもりなのです。

ピラミッド構造はすでに崩壊した

受験戦争を勝ち抜いて一流大学に入学し、卒業後は省庁あるいは一流会社に入社する。こういうわかりやすい成功のパターンがかつてはありました。僕らの両親の世代は、これ以外の生き方は「成功」のカテゴリーに入っていなかったのではないでしょうか。

実際、僕の両親もその考えに完全に染められていました。そして、その価値観をまったく疑おうともせずに、一方的に子どもに押しつけるわけです。

学習塾に行かせたり、柔道や習字の稽古に通わせたり。僕は別にやりたくなかったのですが、親は必死になって教育しようとするわけです。おかげで少しは字がうまくなりましたが、キーボードを叩いているいまでは、なんの役にも立ちません。

当時ガキンコだった僕は、「なんか変だな」と思いつつも親に従っていたのです。

ところがそういう価値観を持っている親父を見ていると、一生懸命やっているわりには、ぜんぜんお金を持っていないのです。親父は高校を卒業してサラリーマンをしています。それでも貧乏なわけです。それなら「なんでこんな苦しい作業を続けなければならないのか」と僕は疑問に思っていました。

田舎を抜け出して東京大学に入ったときに、その疑問は氷解しました。

大学に入ると大勢の友達ができますが、彼ら東大生の実家はたいてい金持ちなのです。意外に知られていないことですが、東大生の親の平均年収は全国の大学のナンバーワンなのです。「慶応の学生はお金持ち」というイメージがありますが、東大のほうが上なのです。これはいまや教育にはたいへんなお金がかかるのだ、ということを意味しています。

要するにお金持ちと貧乏人は生まれたときから立場が違う、ということなのです。友達の東大生の親たちはたいてい会社を経営しています。しかも、その親たちは必ずしも高学歴ではなかったりするわけです。

「この違いはなんなんだ。要するにうちの親父はばかをみているのではないか」と。それでいろいろ考えてみると親父はほんとうにばかをみていたわけです。

団塊の世代にあたる親父たちは、若いうちは会社にこき使われてきました。「将来的には必ず裕福になるよ」といわれつづけて、会社を信じてきたあげくにリストラされている世代です。

親父たちは、まるでピラミッドのような三角形の構造があって、そこを誰もが上っていくような幻想を見せられていたわけです。一生懸命働いて、係長、課長、部長と昇進してどんどん高給取りになるというビジョンを描いていたわけですが、どう考えても会社のポストが足りるわけがありません。実際は誰もが部長になれるわけはなく、重役にまで出世するのはごく一部の人間です。これは子どもでもわかる理屈です。

しかし、重役になれない人がどういう末路をたどるのか、それがこれまではごまかされてきたのです。表舞台に専務はでてくるけれど、専務になれなかった人はでてきません。新聞でもテレビでも業界誌でも、どのメディアにもヒーローインタビューは満載されていますが、大多数のヒーローになれない人たちのことは取り上げません。社会の表舞台から消えていった人は目立たないような仕組みに、意図的にしてあったわけです。

部署を替えさせられたり、系列の別会社に出向できる人はまだまだ幸せで、どこにも行き先がない人が大勢いるのです。

それが次第に明らかになってきました。

僕らの親父たちは経済が右肩上がりで成長していくという幻想をみんなで見ていたわけです。これはどう考えてもおかしいのです。無から有を生んでいくような状況でも考えなければ、経済発展が永遠に続くわけがありません。

要するに、親父たちは戦後の一時期の特殊な状況を、永遠に続くものとして一般化してしまったわけです。

戦後、経済成長が何十年にもわたって続きました。そこで惰眠《だみん》をむさぼっていたので、バブルがはじけてもなかなか幻想から覚めなかったわけです。こんなものはまやかしに過ぎません。だまされていたわけです。

経済は先取りします。これはあとでもふれますが、儲かった分があとから配当されるのでなく、儲かるはずの分を見越して先に使ってしまうのです。

ですからバブルから遡《さかのぼ》ること一〇年くらい前に、実体的に日本経済は破綻していたと僕は思っています。一〇年間はアップアップのおぼれそうな状況で、最後に破裂してしまったということです。「失われた一〇年」ではなくて、「先取りされていた一〇年」だったのです。

具体的にいうとバブルの一〇年前には実体的には経済成長が止まっていたわけです。そこをドーピングしながら、ごまかしごまかしで生きながらえてきた。実と虚で動いている経済の虚の部分が、ワールドワイドで大きくなってしまったわけです。

たとえば三五年の住宅ローンを組むとします。それは三五年後の経済の先取りをしているということになります。これは日本の国債でも同じことです。

バブルから遡ること一〇年くらいの間に赤字国債の額はどんどん上がっていきました。バブルというのは、それが危険水域に達して顕在化しただけの話です。国のバランスシートが債務超過になって一気にひっくりかえってしまったわけです。これは宮澤内閣の時代ですね。

もちろんバブルの発生はアメリカとの関係なしには語れません。一九八五年、アメリカの呼びかけでニューヨークのプラザホテルにG5の大蔵大臣と中央銀行総裁が集まり、そこで各国がドル安誘導を行うように決定されたわけです。いわゆるプラザ合意です。

この会合は、ドル安誘導によってアメリカの貿易赤字を減らして輸出競争力を高めるのが目的でした。

その結果、当然日本は異常な円高を招き、バブルが膨らんでいった。

それに大衆が踊らされて、うちの親父も一緒になって踊っていたわけです。

たしかに円高ドル安をけしかけたのはアメリカですが、日本側にも方策はたくさんあったはずなのです。たとえば、外国からの移民を受け入れて安い労働力を確保して経済成長の余力をつけていく。そうすれば、その労働者の祖国にも新しい市場がつくれるわけです。

ほかにもいろいろ打つ手はあったはずです。現在の平成不況というのは、単純にバブルに浮かれて危険を察知しなかったつけがまわってきているということです。

逆にいえば、右肩上がりの経済成長を前提とした旧来の社会システムは、わずかな政治要因によって簡単に崩れてしまうということです。

かつて滅私奉公で会社に尽くしてきた親父たちは、要するに、山ほどだまされてきたのです。右肩上がりの経済成長や誰もが部長に昇進できるピラミッド構造なんて、最初から存在しなかったわけです。それはバブルの一例を見ても明らかです。

勘の鋭い若者たちはこれに気づいています。

二〇代は搾取されている

いまの日本の会社で一番ゆがんでいるところは給与体系だと思います。

現在、大学卒の初任給は二〇万円程度でしょう。年収にすると三〇〇万、四〇〇万円程度が平均だと思います。ところが四〇代以上になると、会社になにも貢献していないサラリーマンでも一〇〇〇万円以上の給料をもらっているケースが多いのです。彼らの給料はあまりにも高すぎます。彼らは昔ながらの年功序列のピラミッド構造に乗っていて、苦労もなしに年齢とともに年収一〇〇〇万円になっただけなのです。

彼らの給料の出所はどこか。それは二〇代の社員です。

若い世代が汗で稼いだ分を搾取《さくしゅ》して得たお金なのです。

考えればすぐにわかりますが、二〇代の若者は、こういった給料ドロボーのおやじたちを養うために就職しているわけです。

僕の結論は、そんな会社にわざわざ行く必要はない、ということです。

もちろん、実力主義の会社は少ないながらも存在します。若者はそういう会社を選べばいいのであって、わざわざだまされにいく必要はないのです。

学生時代、僕は将来のビジョンをまったく持っていませんでした。

当時、僕はアルバイトで月々三〇万から四〇万円ほど稼いでいましたが、ある日先輩から聞いた話によると、大学卒の初任給は二〇万程度だというのです。ということは、就職したら大学生のときより収入が下がってしまうわけです。

「どうしてみんなそんなところに就職するのだろう」と単純に疑問に思ったのですね。

それで、いろいろ調べてみると、日本の会社の給与体系が明らかにおかしいことに気づきました。要するに、日本の会社の多くは右肩上がりの経済成長を前提とした給与システムになっていたわけです。二〇代の社員は将来の安定を会社に約束してもらう代わりに、安月給で働かされていたということです。一生懸命働いて昇進し、マイホームを建て、子どもを育て、老後は年金で豊かにのんびり暮らす――それが幻想に過ぎなかったことは、いまや明らかになっています。結局、旧来のシステムに乗っている限り、若者は一方的に搾取されるだけなのです。

二〇代が搾取されているという構図は大学にも当てはまります。

「就職して安月給で働くくらいなら大学に残って研究しよう」という人は多いようです。

大学院で資格を取れば成功につながると思っているわけです。

しかし、彼らの人生もまた悲惨です。大学院を修了しても行き場がないのです。

特に理系の場合は、オーバードクターといって、常に人員が余っている状態なので、博士号を取っても助教授や教授といったポストにつくことができないのです。

それで大学の助手やどこかの研究所の研究員を何年間もやりながら食いつなぐわけですが、上がつかえていて、いつまでたっても出世できない。大学でも自分のやりたい研究はできず、結局自分の手柄を教授にもっていかれてしまうわけです。

「日本の頭脳」と呼べるような頭のいい人たちが、二〇代後半まで大学に残って、その後どうなってしまうのか。僕には膨大な能力の無駄遣いとしか思えないのです。

僕の非常に親しい先輩は、いまから一〇年ほど前に、すでにナノテクの研究を進めていました。「ナノ」とは一〇億分の一メートルを表わす数字です。ナノテク、つまりナノテクノロジーとは、そういった非常に細かい精度を扱う技術のことで、コンピューターや新素材の開発などに密接にかかわっている、当時最先端の研究でした。

この先輩は大学を出たあと、あちらこちらの研究員をやって食いつなぎ、その後、運良く東大の助手のポストが手に入ったのですが、上司である教授が退官すると一年でクビになってしまいました。その後ＩＢＭチューリッヒの研究所に行き、そこも一年でクビ。日本に戻ってきて東北大学の助手をやって、ここも二年でクビになってしまった。さらにいまはニューヨークにあるソニーの子会社の研究所にいるのですが、以前のような給料は稼げなくなっているのではないでしょうか。

僕から見ると、「どうしてこんな天才が、こんな悲惨な人生を歩んでいるのかな」と思うわけです。正直なところ、彼がいま食べていけるのは奥さんが資産家の娘だからです。いわゆる逆玉ですね。僕のゼミの担当教授も奥さんが資産家でした。

悲しいことに、いまの日本の大学システムのなかで研究を続けるためには、逆玉しかないのですね。あるいは、実家が裕福か、スポンサーからの援助があるか、そのどれかしかないというほど、シビアな世界なのです。

大学に残っても、自分の好きな研究ができるわけでもないし、研究費が使えるわけでもありません。これはあまりいい商売ではありませんし、いい生き方ではないと思うのです。

大学で研究を続けるには当然お金が必要です。それで、企業と提携して研究予算をもらったり、プレゼンテーション資料を駆使して国の予算をぶんどったりする必要があります。

ところが、やっと手に入れた資金も、ろくな研究もしないで大学に居座っている教授たちに流れていってしまうわけです。

いわゆる最高学府といわれている東大ですらこういう状態です。他の大学はおして知るべし。二〇代の優秀な頭脳が無駄になっているわけです。

このように二〇代は一方的に搾取されるだけなのです。優秀な若者は旧来の社会システムに乗るだけ損なのです。

そこに気づけば、将来の道すじは自然と見えてくるはずです。

個人も社会も「リセット」

要するに気づいている人間にはチャンスがたくさん巡ってくるわけです。

この時代の転換期に、旧来の社会システムの破綻に気づかず、ぼんやりしていれば他人から搾取されるだけなのです。それが良い悪いという話ではありません。

僕が言いたいのは、これは歴史上で繰り返されてきた事実だということです。

世の中には、搾取してお金持ちになる人間とだまされて貧乏になる人間がいます。

この事実は知っておいたほうがいい。

もちろん利口になってだまされないようになればいいのですが、これまで旧世代が構築してきた社会・会社システムもなかなか手ごわいものです。

たとえば資金、お金ですね。僕は本来、お金は若者が動かすべきだと思っています。統計的にいっても、そのほうが社会は効率的に回りますし、みんなが幸せになれるはずなのです。しかし、なかなかそうはならない。銀行にしてもベンチャーの若者にこそ資金を積極的に投資しましょう、とはなかなかならない。旧世代と若者の間には大きな壁が立ちはだかっているのです。

しかし、二〇代、三〇代の若者が社会の最前線で大活躍していた時代もあったのです。日本では、明治維新と終戦直後の時期がそうです。

明治維新のときは、坂本龍馬も伊藤博文もみんな二〇代でした。明治維新は若者のパワーがあってこそ成し遂げられたわけです。第二次大戦後も同様です。上の世代の偉い人たちはGHQの占領政策で、公職追放やレッドパージとかを受けて、要職についている人がいなくなってしまった。それで、二〇代、三〇代の若いやつらがその役をひきうけるしかなかったのです。

これは大きなリセットといっていいでしょう。

それまでの社会を牛耳っていた連中は、みんな殺されてしまったわけです。敗戦後、東京裁判でA級戦犯、B級戦犯になった人たちは文字通りドーンと処刑された。明治維新のときは切り捨て御免で、バッサリ殺《や》られてしまった。

これらの人たちは、いってみれば社会をリセットするために殺されているのです。この世の中から消されてしまうのですから、強制的にリセットされるわけですね。

乱暴な言い方かもしれませんが、そういうふうに定期的に社会の膿《うみ》を出していくことは、僕は必要ではないかと思っています。定期的にリセットしないと、社会は停滞してしまう、と。

もちろん、リセットをしなくても、社会にゴミや老廃物がたまっていかないような仕組みができてきているのも事実です。リセットをしなくても、そこそこ社会システムを運用できるような知恵が蓄積されてきていると思います。

たとえば会社の潰《つぶ》し方を例にとると、昔は倒産法しかありませんでしたが、現在では会社更生法や民事再生法ができて、社会全体に対する痛みを事前に吸収するような仕組みになってきています。要するに「早いうちに治療してしまえ」という予防医学みたいな世界になっている。ハードランディングからソフトランディングへの転換が行われているわけです。

これはパソコンの世界でも同じです。昔のパソコンは定期的にリセットしないと、すぐにかたまってしまっていたでしょう。しかし、最近のパソコンはあまりリセットしなくてもよくなった。これはメモリ管理やガベージコレクションといったデータ上のゴミがたまるのをうまく処理するシステムができてきたおかげです。

さて、たしかにそれによって社会は安定してきたのかもしれません。しかし、リセットしなくても済むような仕組みができたせいで、今度は逆に、リセット力そのものが弱くなってしまったのです。ほんとうに社会が回らなくなってリセットしなければならない時期がきても、いつまででもソフトランディングでごまかしている状態になってしまった。僕はそれがいまの状態だと思います。銀行も、政府も、官僚も、プロ野球界だってそうですよね。しかし、さすがにごまかしがきかない状況になってきました。旧来の社会システムの弊害が目に見えて明らかになってきたからです。

だから僕は、もう一回大きなリセットが必要なのかもしれないと考えています。

いまの世の中では僕みたいな考え方は受け入れられにくいのかもしれません。

しかし、明治維新や戦争時のように人を殺してまでとはいいませんが、旧世代がこれまで貯めこんできた社会のややこしい問題を、リセットするための仕組みを考える時期に入っているのだと思います。

「貯金をしなさい」は間違っている

時代の転換期を乗りきるときに一番ネックになるのは、旧世代から引き継がれてきたしがらみや思い込みです。

それは「お金」というものの考え方ひとつとってもそうです。

たとえば、「無駄遣いをしないでお金は貯金しなさい」と子どもに教育するのは、僕は間違っていると思うのです。若者こそ金を使うべきなのです。そして一番の問題は「貯金した金がどこに行くのか」を子どもに教えないことです。

たとえば郵便局に貯金をするとします。そのお金は「財投」に流れて無駄な道路や橋がつくられていくわけです。そこから返済原資が回ってくるはずなのですが、赤字なので当然いつまでたってもお金は戻ってこないわけです。そんなところにお金を回しても仕方がありません。そこにお金が流れなければ、無駄な道路や橋もできないのですが、それを知らないから、みんな郵便局に貯金しているわけです。

もともと郵便貯金という制度は、戦費を調達するためにはじまったものです。貯金箱から鉄砲の弾が歩き出している絵に「ウレシイナ　ボクラノチョキンガ　タマニナル」と書いてあったり、「勝つまで要るだけ　貯めるぞ貯蓄」「家は焼けても　貯蓄は焼けぬ」なんて標語が当時の新聞に載っていました。

つまり、「貯蓄は美徳である」という考え方は戦時中の名残りにすぎないのです。

簡単な簿記を理解しておくと、こういった考え方はさらにクリアになっていきます。

僕の場合は実践で簿記を理解していったのですが、これからの若い人は三級程度の簿記の資格を取得しておくことをお勧めします。商業高校の生徒が取得できるくらい簡単ですし、気軽なエントリーとして取っておけばいい。取る・取らないで後々けっこう違ってくるのです。

簿記ができると何が変わるのかというと、それは自分で「B／S・P／L」を作ることができるようになることです。

「B／S・P／L」の「B／S」は貸借対照表のこと。つまりバランスシートですね。これは会社の財務状況を示すときに使います。「P／L」は損益計算書のこと。「プロフィットアンドドロス」の頭文字をとったもので、会社の経営業績を示します。

この二つを並べてみると、お金の動きが見えてきます。

そして自分の経済状況を「B／S・P／L」に置き換えると、いろいろなことがクリアになるのです。

僕の場合、一番クリアになったのは貯金に対する考え方です。

銀行の「B／S」を見たときに気づいたのですが、負債の部に定期預金や普通預金が入っており、資産の部に現金預け金という形で対照的に計上されていたのです。

要するに貯蓄したお金というのは、銀行や郵便局が個人から借りているわけです。だから銀行のB／Sを見ると、定期預金や普通預金は「負債の部」に入っているのです。

つまり僕たちは、銀行にお金を預けているのではなくて、銀行にお金を貸しているわけです。「預けている」という発想から「貸している」という発想に切り替えなければならないことに、気づいたわけです。

「おお、なるほど。そういうことか」と僕は納得しました。それがわかった瞬間にお金の流れがすごくクリアになりました。そのときはうれしかったですね。

だから、現在のような超低金利の時代に貯金をするということは、ただで銀行にお金を貸しているという、とてももったいないことになるわけです。

僕は会社を経営していく上で、そういう知識を身につけていき、けっこうだまされていることに気づいたのです。もう少し早く簿記を勉強しておけばよかったかなとも思いました。旧世代からの悪しきしがらみ、思い込みというのはこういう意味です。

アルバイトはすぐにやめよう

この世の中においしいアルバイトはありません。

アルバイトをはじめた時点で、必ず搾取の対象になるからです。

バイトとは要するに自分の時間を切り売りしているだけなのです。

当然自分のキャパシティ以上にお金を稼ぐことはできませんし、ムリすれば身体が続かず、病気になってバイトを休んだりしたら収入も減り、ますます貧乏のスパイラルに陥っていくだけです。

月三〇万から四〇万円のバイト収入を得ていた僕はというと、これは大学生にとっては少なくない金額でしたから、そこで満足してしまっていたのです。

しかし、実はそのとき僕がとるべき行動は、「会社側はなぜこんなに割のいい仕事をくれるのか」ということを考えることだったのです。

僕を雇った会社が儲けていることには、当然気づいていました。でも「一日二〇〇〇円くらいは会社側に取られているんだろうな」とぼんやりと考えていた程度でした。

しかし実際には毎日一万円から二万円ほどもピンハネされていたわけです。それに気づいたときは「やられた！」と思いましたけど、いま考えれば当然の話です。

雇用者が労働者から搾取するのは、商売としてはしごく当たり前のことなのですから。

それなので、一度、自分で仕事を取ってきてやってみることが大切なのです。会社を通さずに直接仕事をしてみると、「えっ、こんなにもらえるんですか」という話になる。そこではじめて、「これまでこんなに上前をハネられていたんだ」と実感できます。

これはアルバイトだけでなく、サラリーマンでも同じことです。どんなにがんばってもそこそこの金持ちにしかなれないし、いまの時代は、いったん手にしたその地位さえ危ないのです。

逆にいえば、自分で会社を興さない限り、搾取の対象になるのは一生まぬがれないということです。

就職とは、他人のリスクコントロールの支配下に入るということです。

要するに自分の運命を他人に支配されるわけです。

「自分はばかだから、自分よりもっと頭のいい人に自分のリスクコントロールをしてもらいたい」という人は就職すればいいのだろうし、「自分は他人に運命を左右されるのはいやだ」と思えば、会社をつくればいいのです。

僕は他人に支配されるのはいやでしたので会社をつくり、自分のリスクコントロールの下に会社を運営してきたわけです。

僕には世の中にサラリーマンが圧倒的に多いのは不思議でなりません。他人のせいで自分がいやな目にあうのは、納得できません。もっとも、これまでの日本では「公務員はクビにはならない、大企業は社員を守ってくれる」という、旧世代の迷信を信じていた人が多かったことも関係あるのでしょう。

しかし、あなたが成功しようと思うならまず、他人にコントロールされて生きる限界、それと自分の限界に気づくことです。

いくらがんばっても一個人の力で稼ぐ収入はたいしたことがありません。

そして自分の時間は有限です。

これに気づいたら会社を立ち上げることです。

自分の会社をつくってそこで他人に稼いでもらうことが、金持ちへの一番の近道なのです。アルバイトなんかで貴重な時間を量り売りしてしまうのはもったいないのです。

会社をつくるのはカンタン

会社をつくるのは簡単です。本屋さんに行って『有限会社の作り方』という本を買ってきて、そのとおりにやればいいのです。そうすれば意外に簡単に会社ってできあがるものなのです。

僕がそう言うと、「そんな簡単につくれるわけがない」と言う人がいます。でも、日本には二〇〇万もの会社があるのです。これだけの数の会社があるということは、つまり誰でもできるということです。気楽に考えればいいのです。

会社を運営するうえで、ごく当たり前のことを当たり前にやる。それはたとえば、営業や資金繰りをする。それだけで会社はまわっていくものなのです。

だから、なるべく早いうちに起業するべきなのです。一度就職して社会人になってしまうと、精神的なプレッシャーが大きくなります。特に、大企業で出世ラインに乗っている人は、なおさらかもしれません。冒険する気持ちをさえぎるものが、できてしまうのです。

陳腐な言葉かもしれませんが、人生は一度きりなので挑戦したほうがいい。

いまの日本でしたら、失敗しても食うに困ることはありえない。会社というのは、「リスクを有限にする仕組み」でもあるので、失敗しても何度でもやりなおせるのです。

普通に考えれば、会社をつくるのが成功への最短の近道なのです。優秀な頭脳をもっていながら、わざわざ破綻しかけた旧制度の会社システムに乗っかるのはばかげたこととしか思えません。

会社をつくると決めたら、あとは実質的な作業を済ませるだけです。

普通は、行政書士に手続きを頼んだり、いろいろお金をかけてじっくり準備するようですが、僕の場合は思い立ってから実質二週間ですべての手続きを終え、法務局に書類を提出しました。

『有限会社の作り方』に書いてあるとおりにやったら、全部自分の手作業で簡単にできてしまった。「あ、会社をつくるのってこんなに簡単なんだ」とわかったのです。

もちろん会社を立ち上げるのには資金が必要です。

僕の場合も一番のネックは資金集めでした。自分の貯金が三〇万円ほどしかなかったので金策に走りまわり、知人から六〇〇万円を借りてきました。そのなかの一〇〇万円だけは出資してもらったのですが。

その借金は一年で全額返したのですけれど、そこで学んだ教訓があります。

それは「会社をつくるときは借金したほうがいい」ということです。

一般的には「手金《てがね》でないとビジネスは成功しない」と言われています。たしかにそういった意識は必要だと思います。しかし、信用がないとお金を借りることはできません。

「こいつは信じられないな」とか「こんなビジネス、成功するはずがない」と思われたら、その人はお金を絶対貸さないはずです。

つまり、お金を借りることができるということは、ビジネスの成功率を測る尺度になるわけです。僕に言わせれば、お金を借りることができない人はビジネスをはじめるべきではないのです。

最近、俗にいう「一円起業制度」という新しい制度ができました。商法では最低資本金の金額として、株式会社では一〇〇〇万円、有限会社では三〇〇万円と決められています。ところが中小企業挑戦支援法という特例法が施行されたことによって、二〇〇八年三月までに会社を設立した場合、設立から五年間は最低資本金規制が適用されないことになったのです。つまりたったの一円でも会社をつくることができるようになったわけです。

しかし、この制度はベンチャーの育成にとって、おそらくなんの意味も持たないだろうと思います。資本金を一円しか集められないようなやつは、会社をつくっても絶対成功しないと僕は思うのです。むしろこの制度はアメリカの有限責任会社（ＬＬＣ）にあたるような、なんかちょっと怪しいことをするための、抜け殻会社や名義だけの会社に利用されてしまうのではと危惧《きぐ》しています。

さて、僕が最初に六〇〇万円を集めたのは、単純に『有限会社の作り方』に「最低六ヶ月分の運転資金を資本金にしなさい」と書いてあったからです。

うちの会社の運転資金は当初月に二〇〇万円くらいかかる予定でしたので、本当なら一二〇〇万円が必要なのです。しかし、よくよくつきつめて考えてみると、「最低六ヶ月」の根拠は、資金繰りに関係していることがわかりました。

いわゆる「売掛金」というのがあります。実際に仕事をしてもすぐにお金が入ってくるわけではなくて、だいたい二ヶ月から三ヶ月後に入金される慣習になっているわけです。請求書を出せばすぐに現金払いをしてくれる会社というのは非常に稀《まれ》です。

それが「六ヶ月」の根拠でした。つまり、それ以外の残りの三ヶ月は、仕事がうまくいかなかったときのことを考えて、「一応余裕を持ちなさい」という意味の三ヶ月だったらしい。

それなので、最低三ヶ月分でもなんとかなるということがわかったので、三ヶ月分の資本金六〇〇万円を集めて会社をスタートさせたわけです。

一円で起業する人たちは運転資金をどうするのでしょうか。取引先が即金で払ってくれることを期待しているのか、それともそこまで考えていないのか。よくわかりませんが、最低でも運転資金の三ヶ月の資本金は必要だと思います。

逆にいえば、運転資金が少なくて済むのなら、明日にでも会社を立ち上げることができるということです。

もうひとつ『有限会社の作り方』に書いてあったことは、「税務や会計は専門の税理士に任せたほうがいい」ということです。それでさっそくつてを頼って税理士を見つけたのです。本人いわく「インターネットに日本ではじめてつないだ税理士」とのことですが、彼との出会いも、インターネットのメーリングリストでした。

彼にはうちの会社の顧問税理士になってもらったのですが、非常に親身になってくれ、うちの会社がいまあるのも彼のおかげと言っても過言ではないくらいです。

そういうことを知っただけでも『有限会社の作り方』を読んだ価値がありました。

そうして会社を立ち上げたのですが、実際に運営をはじめてからはとにかく節約節約。

六本木に家賃七万円の雑居ビルを借りて、家具やパソコンなんかもリサイクルショップや中古ショップで買ってきてはじめたのです。七畳か八畳くらいしかない本当に狭い部屋でした。

それでも仕事は順調に軌道に乗り、初年度の売り上げは三六〇〇万円。その翌年からは、倍々ゲームで売り上げが増え、二〇〇三年度には、一〇〇億円の売上高を達成しました。こんなに簡単に会社をつくることができるのですから、会社はつくらなければ損なのです。

会社とは人を使うための道具です

会社とは他人の力を利用するための仕組みです。

そして、他人の力を利用した人間が金持ちになるわけです。

僕にとって会社とは人を使うためのツールに過ぎません。自分一人で全部の作業ができればそれに越したことはありませんが、人間には当然限界というものがあります。それで、人の力を利用するための会社という仕組みができたのでしょう。

僕はこのことにけっこう早く気づいていました。

ふりかえってみると小学生の頃から人を使っていました。別にガキ大将とか不良グループのリーダーとかそういうのではありません。友達をうまく利用する、といったほうがいいでしょう。「こいつは金持ちだから仲良くしておこう」とか「この友達はこういう利用方法がある」といった感じで、友達を値ぶみしていたわけです。

たとえば同じクラスにいつも最新のゲームソフトを買っている子がいました。彼自身は特に面白い人間ではないのですが、ゲームをしたいために僕も仲良くするわけです。まあ、彼のほうもゲームで友人を釣って遊んでもらっていたわけで、お互いさまというところもあったでしょう。そのうち彼がいないときでも、勝手に部屋に上がり込んでゲームをするようになりました。その彼のおかげで、僕は最新のゲームをいつもプレイすることができたのです。

人は利用したほうがいいのです。つまり、会社という組織を使って他人の能力を利用するべきなのです。他人を利用するというのは、部下に限った話ではありません。上司や同僚、取引先の人、友人など、あらゆる他人の力を最大限に活用するべきなのです。

ただし、他人の力を利用するといっても、それは「人をこき使う」ということではありません。

むしろ、使われる人のためにもなるような、相乗効果のあるような活用の仕方をしなければ、継続して関係を保つことはできず、お互い不幸になるだけです。すべてを自分の配下にするのではなく、その人の能力の何分の一かを要所要所で利用させてもらえればいいのです。

すべてを独占しようとすると、「なんだお前、俺を支配する気か」と反発されてしまいます。数分の一程度だと、利用されていることになかなか気づかないので、使うほうも気持ちよく使えるのです。「気づかない程度」というのがポイントです。

僕は以前からコピーライターの糸井重里さんに注目しています。あの人は他人をうまく利用することで、成功を収めた人です。糸井さんが立ち上げているホームページの「ほぼ日刊イトイ新聞」はほんとうにすごい。そのコンテンツをつくるために、多くのボランティアを利用しているのです。人を使うという典型です。キムタクを利用して釣りブームを起こしたり。糸井重里という人に学ぶことは多いと思います。

自分に自信がある人ほど、自分だけでなんとかうまくやろうとするものです。しかし、それはムダが多い。

成功する人間とは、自分の知識や経験なんてちっぽけなものだと自覚し、他人の力を上手に利用できる人間のことです。

大学は一ヶ月でやめる

僕は東京大学の文学部を中退しているのですが、東大を選んだ理由は「東京の都心にある国立大学」だからです。高校まで過ごした福岡県八女《やめ》市はとても田舎なので早く抜け出したかった。それでとにかく東京に出ようと思っていました。実家は貧乏なので、国立を目指さなければならない。それで東大になったわけです。

会社をつくるときに大学はやめました。卒業することもできたのですが、そのことにほとんど価値を見出せなかったのです。僕にとっては大学を中退したことはたいしたことではありません。いまでは商売をやるためには、むしろ大学は早くやめたほうがいいと思っているのです。

とはいえ、大学が必要ないというわけではありません。

大学は一流大学を目指すべきです。それは大手企業に就職するためでも、高度な学問を身につけるためでもありません。大学は入るだけでいいのです。東大の価値はブランドと人脈です。特に日本の大学は入った時点で箔《はく》がつきますので、あとはコネクションをつくることだけが大学ですることなのです。

僕の同級生は頭のいいやつばかりでしたので、卒業後に入った会社で出世していて、最近だんだん役に立つようになっています。たとえばテレビ局にいる友人はディレクターになってテレビ番組を制作したり、出版社や新聞社に入った友人も次第に偉い立場になりつつあります。そういう人たちが、いまかなり役に立っているのです。

大学の価値はそういう人脈を得ることができることにあるのです。それなので大学は授業がはじまってから一ヶ月めくらいでやめるのが一番いいタイミングだと思います。

友達をつくって、先生とも顔見知りになってからやめる。

「あいつは五月病で大学をやめた」なんて言われてしまうかもしれませんが、とにかく一ヶ月は大学のキャンパスで人脈づくりに集中する。研究室に入り浸って教授に名前を覚えてもらう。地元の金持ちのご子息なんかとも友達になる。そしてスパッと大学をやめて、起業するのがお金持ちになる最短の道だろうと思うのです。

「あいつ大学やめて何をやっているんだろう」と噂がたった頃に、「実はこれをやっています」と名刺を持ってキャンパスに戻ればいい。絶対、話題になります。

スポーツ万能であるとか、音楽的に優れた才能があるといった、人並み以上の能力を持っているのでなかったら、普通の人間が二〇代のうちにお金持ちになって自分の好きなことをやるには起業するしかないのです。

マイクロソフト社を作ったビル・ゲイツもかつてマイコン革命の波にふれ、二〇歳のときに大学をやめています。彼は頭がいいから大学をさっさとやめたのですが、僕の場合は二四歳まで大学に籍がありました。その時点でビル・ゲイツに四年分負けているわけです。もっと早く大学をやめて起業するべきでした。

会社を成功させるのは体力とスピードが勝負です。ですから、なるべくはやく若いうちに事業を立ち上げるべきです。

リスクを負わなくていい若いうちほどカンタンなのです。

成長したいから背伸びをする

お金というものはお金が好きな人のところに集まってくるとよく言われます。

これは当然のことです。「お金なんていらない」と思っている人が金持ちになれるはずがありません。しかしもっと問題なのは、ある程度リッチになってしまった人の場合です。

リッチになると人間は小さくまとまってしまう傾向があるのです。

リッチになること自体は非常に簡単です。月収一〇〇万円や二〇〇万円程度を稼ぐのは、やり方さえ間違わなければ非常にやさしいことなのです。

僕の場合、その金額をはるかに超えてしまっていますが、月収のレベルで一〇〇万円、二〇〇万円を超えると自分のやりたいことはたいてい実現できるようになってきます。いい車に乗りたいとか、新しい家を建てたいとか、欲しかった電化製品を買いたいとか、そういった欲望はほとんど実現してしまうわけです。

しかし、ここで満足してはゼッタイにいけないのです。

満足した時点でお金の流れがストップしてしまうからです。むしろそれ以降は単なる生活のためではなく、本格的に事業を大きくしたり、自分の夢に向かって突っ走るためにお金を使うことができるようになるわけです。

ある意味で純粋なビジネスが、その時点からはじまるのです。

さらに大きなビジネスを手がけて、そこで得たお金を再投資する。株式を公開したり、M&Aを繰り返したりして会社をなるべくはやく大きくしていく。

そして夢を実現する。

少しくらいのお金で満足している暇はありません。経営者は大きなビジョンを持ってどんどんお金を集めて、会社を大きくしていかなければならないのです。ある程度の儲けで満足して、そこで小さくまとまってしまうと、いざチャンスがまわってきたときに身動きがとれなくなってしまうのです。結果的にそこまでの会社で終わってしまうわけですね。

当然のことながら、元手が大きければ大きいほど大きなビジネスが展開できます。それが株式会社のメリットです。

だから、元手を増やして次のビジネスチャンスを狙う。僕はこれまでそれだけを考えてビジネスをしてきたといっても言いすぎではありません。

僕の会社の明暗を分けた瞬間、それは「来年までに株式公開を必ずするぞ」と決意した瞬間でした。その決意によって、次になにをしなければならないのかが明確になったわけです。

よく、「なぜあなたの会社は急成長を続けているのですか」という質問を受けます。

それは常に「背伸び」をしているからです。背伸びをするには多少は無理をしなければなりませんが、育ち盛りの子どものようにいろんなことに手を出してやり遂げることが大切なのです。僕の会社でもこれまで無理な納期の仕事もたくさん受けてきましたが、それは会社が成長するために必要不可欠な「背伸び」だと考えたからです。

上には上があるはずです。チャレンジできる可能性があるなら、それを逃す手はない。下を向いたときにお金は逃げていってしまうのです。チャンスの女神にうしろ髪はありません。

フロンティアはどこにでもある

「お金になんて興味がない」という人がいます。

人生そこそこの生活ができればいいんじゃない、お金のために苦労するなんて……と考える人たちです。そういう人を全否定するわけではありませんが、若い人にはもっと上を目指してほしいのです。ところが僕がこう話すと「上ってどんな上ですか」と聞き返されます。いまという時代は、この「上」が見えにくくなっているのかもしれません。

近年、ニヒリズム的な人たちが増えている要因の一つとして「情報通信の発展により人類のフロンティアがなくなってしまったから」などという、もっともらしい理屈を述べる人たちがいます。しかし、「人間は世界のすべてを踏破した」などというのはほんとうにおこがましい話で、宇宙どころか地球上、たとえば深海や地中なんかもまだほとんど解明されていないわけです。もっと身近なところでいうと、人間の生命の不思議についてもわからないことが多すぎるのが現実です。

「将来の夢はなんですか」とよく聞かれます。

僕は「宇宙旅行の会社をつくりたい」とか、「人類とは何かを知るために生命科学を発展させたい」などと話すのですが、そういうふうに数えだすと人類には無限のフロンティアがあるわけです。

僕は将来的に宇宙旅行ビジネスを形にしたいと思っています。人間にとって残されたロマンといえば、宇宙。それと人間の内面を知ること。この二つに純粋に心をひかれます。

僕が宇宙ビジネスというと「そんなカンタンに海外旅行みたいに行けるはずがない。遠いSFの世界の話だ」という反応がすぐに返ってきます。

ほんとうにそうでしょうか。「宇宙戦艦ヤマト」みたいな大型宇宙船ができてアンドロメダ星雲に行くことができる時代になれば、誰もが「行けて当然」と思うわけです。でも考えてみてください。いま誰もが当たり前のように使っている携帯電話もテレビ電話もインターネットも、僕が子どもの頃はSFの世界の話でした。世の中はそのくらい変化するものなのです。

生命科学についてもそうです。

実は、僕は死なないと思っています。アブナイ奴と誤解しないでください。

突拍子もないことを言っているようですが、死の仕組みをきちんと解明して、死なないような仕組みをつくればいいだけの話です。当然、現在の科学のままでは死を避けることはできません。しかし、そこであきらめてしまい死を正当化してしまっていいのでしょうか。誰でも死にたくないものです。それなのに、誰もが死は避けられないものと、はじめからあきらめてしまっているのです。

僕は、死なないための努力を放棄したくないと思うのです。

たしかに人類全員が死ななくなったらそれはそれで大変なことですが、お金と知恵をかけることで、人間が死なないようにするシステムをつくることは、物理的に不可能ではないと思うのです。実はそういうことの糸口はもう見えてきているのです。

僕は生命科学の最新の研究結果をまめにチェックして、現在の状況を常に判断しています。いま、一番ホットなテーマは、タンパク質です。タンパク質はアミノ酸や糖質、脂質などが結合した複雑な構造の化合物なのですが、これこそが人間をはじめとする生物の多様性をつくっているわけです。そして、このタンパク質の全容を解明することで、人間が死ぬ原因を突きとめられるかもしれないのです。

タンパク質にはたくさんの種類があって少しずつふるまいも違います。

たとえば、髪にパーマをかけるときに薬品をかけて熱を加えますね。あれは髪に含まれているシステインというアミノ酸の立体構造であるタンパク質の結合を、熱を入れることで切ったりつなげたりして、形を変化させているわけです。

タンパク質を形づくるアミノ酸にはL体とD体という二種類があり、同じ分子記号なのに、立体構造が違っていて性質までが違うのです。それで、タンパク質を化学合成すると二つのタイプの立体構造をもつものが半々にできてしまいます。化学調味料のグルタミン酸をつくるには、天然の原料を発酵させる以外にアミノ酸を化学合成してつくるものがあって、これもL体とD体ができて、L体にはうまみがあるのに、D体は無味だったりします。医薬品などに使われた場合には、L体とD体では作用が異なってくるケースがあるのです。

この分子をつくり分ける方法（＝不斉《ふせい》合成反応）の原理を、世界ではじめて発見したのが名古屋大学の野依《のより》良治《りょうじ》教授です。さらに教授は有用な化学物質を高い効率で合成する技術を研究し、二〇〇一年にノーベル化学賞を受賞しました。

つい最近はBSE狂牛病騒ぎがありました。狂牛病の原因もタンパク質です。プリオンというタンパク質なのですが、あれも突然でてきて病原体になったわけです。事件が報道されるまでは、プリオンタンパク質の存在はほとんど誰も知らなかったのです。

このように複雑な動きをするタンパク質なので、まだまだ知られていないものは山ほどあり、解明作業は難航しているようです。しかしながら、人類はやっとその領域に踏み込めるようになってきたのです。

こうして人間の生命の不思議を形づくっているタンパク質をひとつひとつ解明していくことで、やがて人間の全容が理解できるようになるかもしれないのです。そこに僕は希望を持ちつづけたいのです。

けれど問題なのは、いま、そういう分野にお金が投資されないことなのです。

僕はこういう未来のフロンティアにどんどんお金を流していく仕組みをつくっていかなければならないと思っているのです。

というわけで、結局はお金次第なのです。とにかくお金をかけて研究を進める。宇宙旅行を楽しめる時代、お金を持っていれば死なないですむ時代はきっと来るはずなのです。

最近、ゆり戻しみたいな運動があります。「宇宙開発なんて必要ない」とか「科学の進歩ではたして人間は幸福になったのか」というような問いかけがエコロジー運動というかたちででてきています。これまで人類全体ががむしゃらに突っ走ってきて、ふと後ろをふり返ってしまったのですね。「はたしてこれでいいのだろうか」と。

僕はいいと思います。後ろをふり返ってもなにもいいことはありません。

宇宙と生命というのは、人類全体が遭遇している一つの大きな壁なのです。地球から離れるという外の壁と、人間の本質に迫る内なる壁です。その大きなハードルを飛び越えないと、また、中世みたいに時間がゆっくりと流れていくだけです。

中世というのは鬱屈《うっくつ》した時代でした。日本の江戸時代は西洋の中世にあたると思うのですが、鬱屈した時代のなかで次第に庶民のパワーが貯めこまれていき、江戸末期にドカーンと爆発したわけです。

いま必要なのは、そうした大きな変化です。

旧世代から引き継いだばかばかしい社会システムを壊すことです。

「できない」ではなく、「どうやったらできるのか」を考えることです。

ヨーロッパの場合も、大航海時代がはじまってフロンティアを開拓することで中世が終わり、新しい世界が登場したわけです。いまの時代の閉塞感《へいそくかん》を打ち破るためには、フロンティアに出発する精神が必要なのです。

誰しも夢をもっているはずです。フロンティアも無限です。

そしてその夢をかなえるのは最終的にはお金です。

日本のなかに二つの国ができる

働かない人がいます。そしてそれを嘆く大人たちがいます。定職につかない、やる気のない、働かない人口がこれ以上増えると、日本経済がいっきょに破綻してしまうのではないかと心配しているわけです。

では、こういった状況はどう打破すべきなのか。

僕は経済を二極化するしかないと思っています。

これまでは、発展途上国と先進国のような分類が国ごとのレベルでなされていました。しかしこれからは、国内のレベルで上流層、下流層、といったら語弊があるかもしれませんが、上下の関係ができていくと思うのです。当然、経済的な格差は広がっていき、国内に二つの国が存在するような経済状況が生まれてくるのではないでしょうか。いまのアメリカはその近くまで行っています。

多くの人はそれを暗い未来としてとらえているようですが、僕はそれは必然であるし、そうなっても別に構わないと思っています。

かつての身分制度とかインドのカースト制みたいなものをイメージしてしまうからネガティブになるのであって、いまはそういう時代ではありません。誰もが基本的人権を持っていて、一定レベル以上の生活を営むことができる社会システムになっているわけです。上流層、下流層の格差ができたところで、みんなが不幸になるかといえばそうではありません。

現代は、多種多様な価値観を容認する社会になっています。フリーターでも、引きこもりでも、つまはじきにされることもなく、普通に生活できているわけです。

僕はそういったやる気のない人たちが人間的に劣っているとは思っていません。僕はかつて僕にもそういう時代があり、そのときは「それでいい」と思っていたのです。僕はその世界から外にでましたけれど、一生そういった生活を続ける人がいても、他人がとやかくいう権利はありません。

実際、あまり働いていない人って昔から大勢いたわけです。昼間からフラフラしていて、この人一体どうなってるんだ、なにして暮らしているんだろうなという人が、身近なところにけっこういましたよね。

要は、下流層の人が上流層に入れるプロセスだけわかっていればいいのです。

身分として固定するわけではなく、その間を自由に行き来することができる仕組みが大事です。

そして、あとはもうやる気次第です。実際、アメリカでも貧乏な家庭の子どもでも努力すれば奨学金でいい大学に入ることができます。アメリカンドリームだってまだあります。

国内が二極化してくると、勝ち組・負け組がはっきり目に見えるようになります。それで親たちは一生懸命に叱咤《しった》激励し「勝ち組に入らなければいけないよ」と子どものお受験に夢中になる。「教育制度を直さなければいけない」と言いながらも、あいかわらず東大を現役で合格してキャリア官僚になるといった、旧《ふる》いビジョンを持っている親たちがいるわけです。

しかし、そういう発想は僕らの親の世代までだと思います。

いま僕らの世代は、ちょうど親になって育児をしている年頃なのですが、その教育方針はかなり多様化しています。

「子どもの人生なのだから、ある程度どういう生き方をしてもいい」というところがあって、「なにがなんでも一流大学へ」みたいな人たちは少なくなっているように見受けられるのです。

国内の学歴偏重にとらわれないで、はやくから子どもに海外体験をさせたり、芸術やスポーツや職人としての興味を育て才能を伸ばしてやる、フリースクールに通わせる、といったことをずいぶんやっています。

こうして価値観の多様化が容認されていくと、当然「オレは働かない」というのも一つの選択肢になってくるのです。

人間の最終的な目標は成功です。フリーターや引きこもりといわれる人たちでも、彼らの世界のなかで満足したり、認められたり、成功を感じることができるなら、われわれがとやかくいう権利はないわけです。価値観の多様化は歴史の必然だと思っています。

旧世代の価値観でものごとを測ることが不幸のはじまり、なのです。

老人は若者に金を貸せ

経済を活性化させるためには、消費を増やせばいいわけです。好景気のサイクルを生むには、お金が動くことが必要なのです。

いま、一番お金を持っているのはシニア層です。それで、「シニアを狙え」を合言葉に、老人たちにお金を使わせようとみんなが必死になっているわけです。

最近では停年退職後の小金持ちを対象にした『サライ』や『一個人』といった情報雑誌が書店の店頭にたくさん並んでいます。余暇を使って京都の旅館に泊まりましょうとか、四国巡礼の旅にでましょうとか、そういうお金の使い方を彼らに教えているわけです。

でも私に言わせればそれは、生ぬるいお金の使い方なのです。

「シニアを狙え」というのは短期的に見ると正しい部分もあるのですが、根本的な景気の解決にはなっていません。歳をとれば当然胃袋も小さくなります。体力も衰えます。食事や旅行でお金を使わせるのには限度があります。それよりも老人がタンスにしまっている金を、どんどん動かしていくシステムをつくらなければならないわけです。

長期的な視野に立った場合、お金は若者にまわすべきなのです。若者は借金をしてでもお金を使います。シニア層と若者ではお金の使い方がぜんぜん違うのです。

二〇代の若者と六〇代のシニア層を比較した場合、仮に同じだけの資産規模で、同じだけのキャッシュフローがあるとしたら、どう考えても若者のほうがたくさんのお金を使うはずです。バランスシートが大きくなればそれだけ借金できる量も増えるので、さらに消費が加速する。

そうすると必ず景気はよくなってくるはずなのです。

現在の問題は、若者がお金を持っていないことです。若者にお金がまわらないシステムができてしまっている。これは非常に危険な兆候だと思います。それなので、「年収三〇〇万円の生活術」とか「キャッシュがなくても楽しめる生活」なんて雑誌記事がもてはやされるようになってしまう。どんどん経済の規模が縮まってしまうわけです。

結論としては、老人は若者に金を貸せということです。それは投資という形でも株を買うという形でもなんでもいい。銀行にお金を預けてもいい。貯蓄というのは、金をうまく使っている人にさらに金を貸すことですから。

若者により多くの収入が入るようになり、また低金利で貸し付けがなされるようになれば、景気は必ず回復します。お金の運用は若いやつに任せておけばいいのです。彼らはそれを元手に商売をはじめ何倍にも増やします。

むしろ老人は貯金してくださいという話なのです。

人の心はお金で買える

日本人はお金のことをわかっているようでわかっていません。その根本的な原因は教育にあると思います。日本史や世界史の教科書を開いてみればわかるように、経済史にはほとんどページが割《さ》かれていないのです。その背景には、お金を儲けることがなにか後ろめたいことのように認識されていたことがあります。そして相変わらず、そのような間違った認識によって教育がなされているわけです。

商人はいつの時代も差別されてきました。ご存知のように、江戸時代は士農工商の制度によって商人は社会の一番下の階層に位置づけられ、おとしめられていたわけです。外国でも商売上手なユダヤ人は世界中から憎まれていました。

資本主義社会においては経済が中心的な役割を占めており、商人がいなければ社会は回転しないにもかかわらず、「金を稼ぐのは汚いことだ」という考えが蔓延《まんえん》していたわけです。「御用商人」や「政商」などといった言葉を見れば明らかです。

しかし、その一方で士農工商という制度は、武士の下に農民を置くことで、農民を満足させ一揆や反乱を防ぐという政治的な目的もありました。

商人は「金を持っているやつが一番強い」ということを肌で知っているので、実は身分制度なんてどうでもよかったわけです。商人が世の中を裏で操っているという話は世界中にたくさんあります。貨幣経済ができて以来、金を持っている商人が間接的に世の中を支配していたはずです。

そういった支配の仕組みを農民に気づかれたくなかったのでしょう。農民が気づいたら革命が起きてしまうわけです。商人は金を持っているので、社会的には日陰の存在でも力を持ちつづけていた。これはユダヤ人でも同じことです。

「金を持っているやつが偉い」

これは当たり前の話です。

しかし、農民や貧しい人の妬《ねた》みや恨みが積もり積もって、「商売人は汚い」とねじまげられてしまったわけです。

問題なのは、そんな教育が現在も行われていることです。

その倒錯が行きつくところまで行ってしまうと「貧しい人は心がきれいだ」みたいにな

ってしまいます。

もちろんそんなことはありません。経済的に貧しくなると人間は狂気に走ります。

記憶に新しいところでは、名古屋で軽急便の社員が給料の未払いに怒り、事務所にガソリンをまいて火をつけた事件がありました。もし彼が金持ちでしたらあんなことをしたでしょうか。せいぜい二、三ヶ月分の給料で人間というのは変わってしまうのです。

「人の心は金では買えない」というのも同様です。誤解を恐れずに言えば、人の心はお金で買えるのです。

女はお金についてきます。僕がこう言うと、「そうなんだよね」という人でも本当に理解しているかは疑問です。

たとえばビジネスで成功して大金を手に入れた瞬間に、「とうてい口説けないだろうな」と思っていたネエちゃんを口説くことができたりする。その後は芋づる式です。要するに、ネエちゃんの話を聞いた女の子たちが集まってくるわけです。

金を持つだけで、自分の精神的な考え方も高みに上がります。実質はなにも変わっていないのですが、お金を持っているという現実が一種のゆとりになるのかもしれません。以前から目の前に精神の高みに登る階段はあったのだけれど気づかなかったわけです。お金を持っているとその階段に気づくことができる。登ると「あっ、そういうことか」とわかるわけです。

最近はあえて、自分の立場を隠して相手の反応を観察しているのです。「ああ、なるほど。この人たちはこういう反応をするんだ」と。

人間はお金を見ると豹変します。豹変する瞬間が面白いのです。皆ゲンキンなものです。良いか悪いかは抜きとしてそれが事実です。金を持っている人間が一番強いのなら、金持ちになればいいということなのです。

人間を動かすのはお金です。

第2章

堀江流「シンプル・イズ・すべて」

売り上げ100億の経営術

シンプル・イズ・ザ・ベスト

「企業経営に一番大切なものはなんですか」とたずねられると、いつも僕はこう答えています。「ものごとをシンプルに考えること」

「シンプル・イズ・ザ・ベスト」という言葉があります。「シンプルが一番」ということは、人類が長年の経験のなかから得てきた教訓だと思います。

多くの経営者は同じ質問を受けたときに必要以上に難しく考えてしまうのです。

会社とはなんのためにあるか、と聞かれたときに、「社会に貢献するため」とか「従業員のため」とか「顧客のため」とか、本来の筋からズレたトンチンカンなことを言ってしまう。

しかし、株式会社の本来の目的は、株主へ利益還元をすることです。

だから、「株主のため」とストレートに答えなければならない。株主に最大限の利益をもたらすことが、株式会社の社長の責任なのです。

それがわかれば、会社がやるべきことは見えてきます。

株主に利益を供与するために、良いサービスや商品をつくって売るわけです。それで顧客は満足する。ビジネスが成功すると、税金もたくさん払うことになるし、お金持ちが大金を投資するようになる。それによって経済が活性化され、結果的に社会に貢献するようになるわけです。

順番を間違えてはいけないのです。シンプルに「株主のために」と考えることができないので、どの要素も中途半端になってしまうのです。

シンプルに考えること、これが僕の信条です。

ビジネスの最前線ではスピードが勝負です。いろいろと複雑に考えることで失うものは大きい。ビジネスにおける様々な問題は、すべて原点に戻ってシンプル思考で処理すれば、最大限の効果を発揮することができるのです。

たとえば、僕の会社は名前を二回変更しています。

設立当初の社名は「オン・ザ・エッヂ」でしたが、七年後の二〇〇三年四月には「エッジ」に変更しました。その理由は「オン・ザ・エッヂ」の「ヂ」が「ジ」になったり、「・」が抜けたりと、仕事先から社名を間違われることが多かったからです。それで、シンプルに「エッジ」にしたわけです。その後、二〇〇四年の二月に、社名を「ライブドア」に変更しました。

この変更のときは、「慣れ親しんだ社名を変えるのに抵抗はないですか」と聞かれることが多くなりました。「一度つぶれた会社の名前を使うのは縁起が悪い」と言う人もいました。

たしかに「エッジ」という社名に愛着がないわけではありません。しかし、それは単なる創業者のこだわりに過ぎません。

社名というのは、芸能人が芸名を使うのと同じで、単純に「売れる」ためにあるわけです。

創業者のこだわりで経営していると、こんな当たり前のことがわからなくなるのです。だから、シンプルに考えればいい。「どちらが売れるのか」と。

「ライブドア」は、国内ナンバーワンの無料プロバイダーとして、インターネットユーザーの過半数が名前を知っています。僕の会社が営業譲渡を受ける前は、六〇億円といった莫大な広告費を投入して、CMをはじめ、青山のビルやお台場の大観覧車などに巨大広告を打っていました。

この流れを引き継げば、名前の浸透もはやい。僕の会社でやってきたことを、「ライブドア」という名前に統一することによって、一気にブランドをつくることができると考えたわけです。

実はものごとを複雑に考えることは簡単なのです。

いつまでも考えて引き延ばしていればいいわけですから。世の中って、複雑に考えようとしたらいくらでも複雑に考えられるものなのです。しかし、そのために見失うものは多いのです。

アインシュタインの「一般相対性理論」は、非常にシンプルです。「$E=mc^2$」で広大な宇宙の仕組みが説明できるわけです。つまり、世の中の多くのことはシンプルに説明がつくようになっているのです。

社員のなかに、起業するかしないかで悩んで僕のところに相談にくる人がいます。しかし、僕はシンプルに「やればいいじゃん」と言うだけです。話は五分で終わりです。そうすると、みんな拍子抜けして帰っていきます。

でもこれはイジワルをしているわけではありません。

本当にシンプルに「やればいい」と思っているからです。

相手がウジウジしていたら、「やりたければいますぐやればいいじゃん。明日辞表だせよ」といった感じで僕は話します。そしたら、本当に辞表をだして会社をつくってしまった人がいましたけど。その後どうなったのか知りませんが。「たきつけただけじゃない」って言われますけど、そんなのいちいち面倒を見ていられません。

でも、なんでもやりたいときにやるのが一番なのです。昔から「善は急げ」と言います。いろいろ無駄なことを考えて悩むよりも、勝算がありそうだったら一回跳《と》んでみればいいのです。「考える前に跳べ」ってやつです。たった一回でも跳べば、それが成功体験になるはずです。

迷わず、本質だけをシンプルに押さえておけばいいのです。

もっとも、「この考えはいいことなんだ」と確信が持てなくて躊躇《ちゅうちょ》するのでしょう。ものごとをシンプルに考えられない人って大勢いるのです。そういう人は「シンプルがいい、シンプルがいい」と自己暗示をかければいい。

ウジウジしている若者でも、「やるか」と言うと「よーし、やる」と実行する人間は結構いるものです。

だから僕が確信を持って言うしかないと思います。

「こうやったら絶対に成功する。自信を持て」と。

こういう僕もかつてはシンプルに考えることができない時期もありました。しかし、いまでは自信を持って言うことができる。本書を読んで、悩みをふりきってくれたらうれしいのですが。

基本に忠実

僕がいつも言っていることは「基本に忠実になれ」ということです。「基本に忠実」なんて言うと、嫌な顔をする人が多いのかもしれません。「なんだ、そんなことか」と。

しかし、これは大事なことなのです。多くの人は「基本に忠実」にやらないで失敗するのです。僕は会社を経営していくうえで、この事実を確認してきました。

特にインターネット関係の仕事をしている人たちは、商売の基本がわかっていない人が多いようです。

たとえば、資金繰りの大切さがわかっていない。

資金繰りというと零細企業のイメージがあるかもしれませんがそんなことはありません。

なぜ会社がつぶれるか。

キャッシュがショートするからです。

逆に言えば、資金繰りがうまくいっている限り、業績は悪化していても会社はつぶれないのです。

「資金繰りが大切」なんてことは誰でも言っているし、あちこちのビジネス書に書いてあることです。

しかし、こうした基本を忘れてしまうので、実際に会社はつぶれているわけです。

僕の会社がインターネット関連のベンチャーのなかで成功を続けてきたのは、もちろん社長がいいということもありますが、同時に「商売って何」という基本を忠実に守っているからだと思います。

具体的に言うと、「一体なんのために商売をするのか」という目的です。

商売の目的はお金を集めることです。そして、集めたお金を投資して、どんどん会社を大きくしていく。そのモチベーションを保つことが大切なのです。

つまり商売の基本は、お金を稼ぐことに対する興味や執着心を持ちつづけること、なのです。

会社をもっと大きくして、そのうえでもっと大きな商売をやる。そこでもっと大金を手に入れる、というように。その基本ラインに沿って、お金を動かしていくのが僕の役割だと思っています。「基本に忠実」でありつづけるわけです。

僕の理想は、「シンプルに」「こだわらず」「考えない」経営です。

複雑に考えずに常に基本に返る。成功している改革はあくまで「経営の基本」に忠実だからです。その基本とは、事実を事実としてありのままに見ること。これは一見カンタンなようですが、多くの人は自分の思い込みやこだわりに固執してしまうのです。

たとえば、僕は「会社をつくるのはカンタンだ」と言います。そうすると必ず「そんなわけはない」と反発する人がいます。しかし彼は、世の中に一体どれほど社長がいるか、考えたことがあるのでしょうか。なんども言いますが、ご近所の電気店のオヤジさんも社長なのです。思い込みにとらわれずシンプルに考えてみれば、世の中には数え切れないほどの社長がいることに気づくはずです。

そうすると「社長なんて別にたいしたものではないな」と思えてくるわけです。

そこに気づくことがあなたの人生の分かれ目になることもあります。

事実をありのままに見ると、やらなければならないことは自然と見えてきます。要所要所で基本に立ち戻ること、これはほんとうに大切なことです。

リスクとリターン

どんなに難しい計算でも分解すれば非常にシンプルになります。前にもふれたように、この大きな宇宙だって、アインシュタインの一般相対性理論の簡単な方程式で説明がついてしまう。シンプルな思考を積み上げていくことってほんとうに大切なのです。

儲かるか儲からないか——商売をするならすべてをこれで判断すればいい。

善悪は儲かるか儲からないかで決まるのです。

そして商売はスピードが勝負ですから、「リスクとリターン」のバランスでシンプルに、即座に判断することが必要になってくるのです。

たとえばうちの社員が「今度はじめる事業が成功するかどうかわからないんですよ」と悩んでいるとします。そこで僕が言うことは、「リスクとリターンだろ。費用はいくらかかるの。一〇万円？　だったらやれば」です。

リスクが一〇万円で、期待リターンが一〇〇〇万円だったらなにも考えることはない。すぐにやればいい。「失敗したって一〇万円なんだからやっておけばいいじゃん」という話です。

各自、自分の取れるリスクの範囲はわかっているはずです。リスクが少ないと判断したら、なにも考えずにすぐに実行すればいい。リスクが大きいようだったら、期待リターンの確率に応じて、シンプルに判断すればいい。

ところが余計なことを考えるから、せっかくのビジネスチャンスを逃してしまう。いつまでもだらだらと優柔不断に決めかねているのが一番悪いのです。

シンプル思考の最大の長所は、誰にでも説明することができるところです。判断基準をすべて金額に置き換えてしまえばいいわけです。数値で示せば、人を容易に説得することができます。

長嶋茂雄という人がいます。あの人は一見シンプルに見えるかもしれません。野球選手の評価やテクニックについてズバリと言い当てるからです。

しかし、長嶋茂雄はシンプルの人ではなくて、フィーリングの人なのです。天才であることは間違いありませんが、あの人が思ったり感じたことは、最終的に他人には伝えられないと思うのです。だからみんな真似できない。長嶋茂雄になりたくても、本人以外にはなれない。長嶋茂雄ではいられない。他人の直感とかフィーリングのユニークさというのは、理解はできても会得《えとく》できないものですし。

しかし、僕のやっていることは誰でも真似できると思います。

リスクとリターンでシンプルに考えて、お金に数値化した上で判断するだけですから。

そこが違うのです。

当然のことですが、ノーリスク&ハイリターンのビジネスなんて存在するわけがありません。

様々な案件をすべてお金に置き換えて考えて、リスクよりリターンが上回るのだったら、難しいことを考えずにさっさと始めればいいのです。

お金を稼ぐ方法はそれしかありません。

やるべきことはすでに見えている

いまはネットからベストセラーが生まれる時代です。少し前までは考えられなかったことですが、実際にそういうことが起きているのです。インターネットのサイトやメルマガから作家が誕生するばかりか、最近では携帯電話のメールからもベストセラーが生まれています。

ｙｏｓｈｉという人の書いた『Ｄｅｅｐ　Ｌｏｖｅ』という小説は、もともと携帯電話のメールで配信されていたものです。それが女子高生に口コミで広がり、出版されると、売れに売れて全三部作、特別編を含めると四冊で一〇〇万部を超えるベストセラーになりました。

携帯メールで配信できる文字数だからせいぜい二五〇文字くらいで、センテンスも短いのですぐに読めてしまう。しかも女子高生でも理解できるように平易な言葉になっている。言葉づかいにしてもたとえばこの「平易な」なんて使ってはだめなのです。ここは「かんたんな」といわなければいけない。「文字」というより「声」にとても近い感覚ですね。

この小説はビデオ化もされました。すごくしょぼいビデオなのですがヒットしました。『コンセント』でデビューした作家の田口ランディさんも、もともとはネットでコラムを書いていた人でした。

このような変化というのは、これからも様々なところにでてくるはずです。インターネットの発展がいろいろなもののあり方を急速に変えているのです。

これは時代の流れです。その流れに乗って商売をしないとだめなのです。

将来はインターネットを中心とした社会ができあがるという確信が僕にはあります。するとある意味で、これからやらなければいけないことはすでに見えているわけです。作業的にはそのレールの上で、旧来の商材を新しい商材に置き換えていくだけなのですから。

将来の道はすでに決まっているのです。

だから、それについて悩む必要も考える必要もありません。

判断しなければならないのは、投資時期のタイミング、お金の集め方、景気の動向といったことだと思います。それを判断するのはマインドに注目することです。

マインド、つまり人の心が大切です。お金を集めるということは、人のマインドを動かすということです。

人の心が動くから、ものが売れたり、投資がなされたりするわけです。「儲かるぞ」とみんなが思った瞬間に、お金はボーンと集まるのです。

そのお金を未来へのレールに乗せていく。会社を大きくしてさらにその流れを加速させる。それが僕がやるべきことだと思っています。

経済の本質

僕はお金の世界のことはすべて実践で覚えてきました。

これは「実践MBA教室」とでも呼べるようなもので、自分の経験をもとにしてお金を動かしているわけです。

会社の経営というのは、まず実験をして後から論理がついてくる実験物理学みたいな世界で、「理論が先か実験が先か」はかなり曖昧《あいまい》です。

岐阜県の旧神岡鉱山の地下一〇〇〇メートルにあるスーパーカミオカンデで行われた実験により、ニュートリノが検出され、ニュートリノの質量がゼロではないことがわかり理論の書きなおしを迫られる、といったような世界なのです。

そのことがわかっているので、僕はいわゆる経済本をほとんど読んでいません。それどころか読書歴自体がほとんどないのです。ハードカバーの本はおそらく一〇〇冊くらいしか読んでないと思います。一〇〇冊はオーバーかもしれませんが。

その代わりに雑誌はたくさん読みます。週に二〇冊ほどは目を通すようにしています。

マンガもよく読みます。まあ、ビジネスとはあまり関係ありませんが、いま一番好きなのは、しげの秀一の『頭文字D《イニシャルD》』ですね。昔『バリバリ伝説』というバイクのマンガを描いていた人です。『頭文字D』は峠の走り屋のマンガなのですが単純に面白いのです。

でもマンガは単行本ばかりで、雑誌はほとんど目を通しません。いまも購読しているのは「モーニング」くらいです。

「モーニング」といえば、先日亡くなってしまった青木雄二の『ナニワ金融道』はよかったですね。彼はマルクス主義に傾倒していましたから、少しバイアスがかかってますが、あのマンガにでてくる考え方は経済の本質に近いと思います。数億円の約束手形がでてきたり、ヤクザや少し頭の悪い人たちが登場したりして、夢はありませんが、ああいうところも経済の勉強をする一つのエントリーになると思います。

『ナニワ金融道』の世界はドロドロしていますが、会社を経営していると、「なるほど。お金返さない人ってほんとうにいるんだな」とか「夜逃げする人ってほんとうにいるんだな」といったことが実感としてわかってくる。

商売の実践はすべて数値化で、と言いましたが、経済の本質にはこういう数値で確定できないものも含まれているわけです。

マンガではありませんが、日系アメリカ人のロバート・キヨサキが書いた『金持ち父さん 貧乏父さん』も「お金の本質」を考える上で参考になります。

この本では、旧来の立身出世の物語を「貧乏父さん」の発想として片づけ、「金持ち」とはそれとは次元が違うものだということを明らかにしています。「資産と負債」の考え方など、勉強になるところが多いのでお勧めしておきます。

僕の知り合いで、M&Aコンサルティング代表の村上世彰《よしあき》さんという人がいるのですが、彼は小学生のときに父親から一〇〇〇万円のお小遣いをもらったそうです。「これからもう小遣いはやらないから、これで全部やれ」と言われてぽーんと渡された。そして彼はそのお金をうまく株式運用して、大学を卒業する頃にはなんとウン億円の資産を築いていたわけです。

これなんかは、まさに「金持ち父さん」の教えでしょう。彼は父親の態度から経済の本質を学んだわけです。

経済の本質に気づくということは、実は非常にカンタンなことです。難しく考えないで当たり前のことを当たり前に受け取るだけでいいのです。

それは「世の中には善い人もいれば、悪い人もいる」といった類の、当たり前の事実です。だからビジネスにおける事実を直視すれば、自然に経済の本質がわかってきます。「就職するよりも会社をつくったほうが儲かる」などといったごく当たり前の事実ですね。しかし、こうした事実を直視できずに、自分の都合のいいように解釈している人は多いのです。

僕は会社を運営する上でこれに気づくことができましたし、村上さんはお小遣いの一〇〇〇万円を運用することで理解していったのでしょう。

ノーベル経済学賞を受賞したスタンフォード大学のマイケル・スペンス教授は「うちの大学の最も優秀な学生は事業を興す。最もだめな学生が大企業を目指す」と言っています。旧来の立身出世の物語にしがみついている限り、ある程度の小金は稼ぐことはできても、本質的には貧乏人の枠から逃れることはできないのです。

そこに一回気づけば、手品の種あかしと同じで「なーんだ」と思うのかもしれませんが、気づかない限りは何をやっても無駄だと思います。

はじめて自転車に乗るときには訓練が必要ですが、一回乗ってしまえば次からはなにも考えずに乗ることができるようになります。そうしたら後はペダルをこいで前に進むだけなのです。

本書には経済の本質に気づくためのヒントを詰め込みました。少なくとも僕の本を読んだ人は経済の本質に気づくことができる。僕は自力で気づいたけれど、皆さんは本書を読むだけでいいのですから、ハッピーなのです。

チャンスに気づく

以前テレビのコマーシャルで、酒屋さんがパソコンを使ってeビジネスを始め、世界中から注文がくる様子が流れていました。その当時は、半信半疑の人が多かったと思うのです。でも、いま実際にそうなりつつあるわけです。

コマーシャルをつくった人たちは未来を一足早く見せていたわけで、きっと未来に向けて準備をしなければいけないという感覚もあったのでしょう。

未来において「そうなるはずのもの」を実現していくのがビジネスだと思います。とはいっても、「そうなるはずのもの」をどの時点で他のメーカーに先駆けて売り出すのかが問題です。一定の購買層がなければ、積極的に進出しても失敗は目に見えています。

タイミングはほんとうに重要です。だから、僕のスタンスもインターネットの普及度に応じてだんだん変化しているのです。

たとえば僕が会社を立ち上げた頃は、ウェブサイトをつくりたいというお客さんが多かったので、サイトの制作を請けおっていました。しかしいまでは、そんな商売をしている暇があったら、自分たちでeコマースのサイトを開いてものを売ったほうが、はるかに儲かるわけです。

その時代の変化を見極めないと、企業のスピードは落ちてしまうのです。

現在、インターネットは「空気のように」とまではいきませんが、多くの人が身近な道具として利用できるものになってきました。

ソニーの出井伸之会長は「インターネット・ネイティブ」という呼び方をしていますが、パソコンを自国語のように自在に扱うことのできる人たちが世の中に登場し、かつビジネスを始めるようになったわけです。

そうした世代のなかには僕も含まれるのですが、いまの若者は物心ついたときからデジタル・メディアやツールが近くにあり、それらを自然に使いこなしています。携帯電話でメールを打つのは、彼らにとってはごく自然なコミュニケーションで、人と会って話したり、電話でお喋りするのとなんら変わりがないのです。

そういうこともあり、インターネットが商売になると気づいたのは割と早かったと思います。

一九九四年の暮れ、僕はアルバイト先でインターネットに出会い、大きな衝撃を受けました。

「これは情報通信革命を起こすメディアだ」と直感したのです。

「みんなまだ気づいてないぜ」と、一人で金鉱脈を掘り当てたみたいな気分になりました。

もちろんそれ以前からパソコン通信はありましたが、紙とペンで手紙を書くように直感的に操作できないものでした。当時のパソコンは、一部のマニア向けのものという観が強かったのです。僕もパソコンがビジネスになるとは思ってもみませんでした。

ところが、インターネットのブラウザは、ハイパーテキストによって世界中のありとあらゆるコンテンツを一つの画面上に表示することができるのです。これは衝撃的でした。膨大なネットワークを、普通の人が自由自在に使えるようになることに気づいたのです。ハイパーテキストの存在を前提にビジネスを組み立てていくと、ものすごくたくさんのことを思いつくわけです。

たとえば、ウェブサイトを通して世界中の商品を一瞬にして買うことができる時代になるだろう。美味しいレストランが簡単に見つかるようになるだろう……そしていまではインターネットで世界のホテルやレストランを検索して、予約して、地図を手に入れる、割り引きしてもらう、なんてことが当たり前になっています。

しかし、当時インターネットがビジネスになると真剣に思っていたのは、日本でも一〇〇人程度しかいなかったのだと思います。僕は九四年の時点で、インターネットの将来像が見えたのです。革命の最前線に、僕は偶然にも立ち会うことができたわけです。

「僕は幸いにも、一〇〇人のうちの一人かもしれない」と気づいたとき、何がなんでもこの分野でビジネスを成功させなくては、と強く思いました。

この瞬間のことは、いまでもはっきりと覚えています。

インターネットの登場によって、それまでのコンピューター業界の仕組みが、すべてリセットされました。だから「これからは年齢や経験を抜きに同じ土俵で勝負ができる、このチャンスを逃してはいけない」と、大学をやめ、友人とベンチャーを立ち上げました。

それからの五年間は私生活を全部犠牲にして仕事をしました。

友達ともぜんぜんコンタクトを取らずに、大学の卒業もどうでもよくなりました。

そんなことは全部後回しでいいと思えるほどのインパクトがインターネットにはありました。

巡ってきたチャンスに気づくかどうかによって人生は大きく変化するのです。

営業がすべて

何度も言いますが、会社を立ち上げて成功させるのはむずかしくありません。ノウハウを知っていれば、年商二〇億、三〇億くらいの会社をつくって、何億円かのキャッシュを手に入れることは、楽勝なのです。

ノウハウと言っても、たいしたものではありません。

ベンチャー雑誌によく載っているような話です。そういう雑誌に成功例として登場する人たちって、「なんでこんな人が金持ちになれるんだ」という程度の人ばかりです。

要するに金持ちになるのは、そのくらいカンタンなのです。

ところが「現実にはたくさんの会社がつぶれていますよね」と反論される方が必ずいます。

でも会社がつぶれるのは、運が悪かったか、単純に勉強不足かどちらかでしょう。運が悪かっただけで一定のノウハウを持っているなら再チャレンジすればいい。

問題は勉強不足です。いや勉強なんてたいそうなものではないかもしれません。商売の基本を普通に押さえるだけでいいのです。

つまり、「商売とはものを売って金を儲けることである」という、当たり前のことを理解することです。たとえば、ものを売るためには営業をしなくてはいけません。

「何を当たり前のことを」とお思いになるかもしれませんが、実は営業をしない人って多いのです。「良い商品を作りさえすれば、自然とお客さんが集まってくるだろう」と本気で思い込んでいる人が意外に多いのです。

女の子を口説くときのことを考えれば、この思い込みがいかにばかばかしい話かわかります。

女の子が寄ってこないので、自分はモテないと思い込んでいる人がいます。でも、女の子って口説けばある一定の確率でものにすることができるわけです。

そこで普通に考えれば、自分から女の子を口説かないからだめなんだ、とわかるはずです。

よほどハンサムで、背が高くて、お金持ちでという条件が整っているのなら女の子のほうから寄ってくるかもしれませんが、そこらへんにいる普通のあんちゃんが街を歩いていて、女の子が言い寄ってくることなんてほとんどないでしょう。それとまったく同じことです。ところが、商売のことになると当たり前のことがわからなくなってしまう。

営業がすべてなのです。ハンサムでなくても女の子をものにすることができるように、たとえできの悪い商品でも営業に行けば確実に売れるのです。

自社の製品より他社の製品でより優れたものがあることを知りながら、お客さんに商品を売っても、それは相手をだましていることにはなりません。単純に情報の問題です。お客さんがその情報を知らなかったら、こちらが営業した商品を買ってくれるでしょう。

「他にいいものがありますよ」なんてわざわざ言うことはなくて、「うちの商品を買ってください」「この商品はこういう内容です」「値段はいくらです」と。それでお客さんに納得してもらえばいいわけです。

女の子を口説くときに、「ほんとうは僕よりもっといい男がいますよ」なんて言うばかはいませんよね。

自信を持って営業していけばいいのです。

「営業力」がどうこうというビジネス本はたくさん出版されていますが、それだけ営業することと自体をまったく考えていない人が多い、というのが僕の実感です。

営業する力さえあれば、どこからか商品を仕入れてきて、利ざやを乗っけて売ればいいだけの話です。どう考えても絶対儲かります。それを一〇億円、二〇億円とやれば上場できて、客取りゲームができるようになるわけです。カンタンなことです。

当たり前のことを当たり前に。そしてすべては営業から。

シンプルに基本を押さえておけば、自然にお金は転がり込んでくるのです。

気合いと根性で十分

「もっと具体的なヒントをくれよ」とよく言われます。

「明日から具体的に何をすればいいのか」とも言われます。

僕の答えは簡単です。前ページと同じ。営業をすることです。営業がすべてなのです。

高校生でも主婦でも誰でも営業をすれば大金持ちになれるのです。世の中には営業をしなくてもものが売れると思っている人がいます。しかし、そんなわけはありません。営業をしない限りものは売れないのです。

営業をすればものは必ず売れます。テクニックはいりません。よく営業のテクニック集みたいな本がありますよね。「名刺はこう使え」とか「携帯電話の使い方」とかそういった類のもの。しかし、そういう細かいことは実はどうでもいいのです。

もっとシンプルに考えて、一つ二つくらいのことを実践すればいい。

それは気合いと根性です。気合いと根性でものを一個売ってみてください。別になんでもいいので、どこかからものを仕入れてきて売る。ものが一個でも売れた瞬間に人間は変わります。そこからすべてがはじまるのです。

ものでなくても自分の能力を売ってもいいでしょう。お金が入ってくるのであれば、何を売ってもいいのです。そしてそれが成功体験につながるのです。お金を儲けたかったら、とにかく営業、営業、営業と考えてください。

僕が気合いと根性と言うと、泥臭いとか、古い時代の精神論だとか言う人が必ずいます。インターネット関連のベンチャー企業出身ということで、なにかスマートなイメージをお持ちなのかもしれません。しかし、それは誤解です。そういった人はビジネスの本質がわかっていないのです。ビジネスはもともと泥臭いものです。

難しく考えてはいけません。気合いと根性。それだけで十分なのです。

僕がやっているのは商売なのです。商売というのは、ほんとうにドロドロに泥臭いものなのです。

「マネーの虎」というテレビ番組がありました。自分の企画を持っていき、「こんなアイディアで商売をはじめたいのでお金を出してください」とお金持ちに資金を提供させる番組です。

あれは一見泥臭いようですけど、僕に言わせるとぜんぜん違います。

あの番組に出てくる人の多くは、これまで自分ではなにもしてこなかったのに、やりたい事業に投資しろというわけです。そんな虫のいい話があるはずがありません。「こんなアイディアでこんなものをつくったら売れると思うのですけど」では話になりません。すでに失敗が目に見えてます。「いま、俺はこれだけ売っているんだ」「だからもっと金があれば運転資金が回るので金をくれ」と言うのなら僕もわかるのです。

結局はものを売って金を稼いできたやつが偉いわけです。商売とは、金を稼いでなんぼの世界なのです。それがわからないなら商売はやめたほうがいい。

よいお手本をひとつ。

佐川急便です。佐川急便ではドライバーのことをセールスドライバーと呼びます。その名の通り、ドライバーは荷物を運ぶだけではなく、気合いと根性とで営業して新規のお客さんから仕事を取ってくるわけです。

佐川急便のお客さんは、全部ドライバーごとについているのです。つまり、自分で取引先を開拓しなければならないのです。

宅配便の利用者からしてみれば、佐川急便でもクロネコヤマトでもペリカン便でもゆうパックでも、どれを選んでもそれほど内容は変わりません。そのなかで佐川急便を選ばせるというのは、気合いと根性以外のなにものでもありません。

気合いと根性でものを売る。それが成功体験につながる。そうするとどんどん気合いと根性がついていく。成功体験が積み重なると勇気がでてくる。

そのためには、一番最初に「気合いと根性」が必要なのです。

「私は飛び込みセールスで成功した」みたいな話は嫌われるかもしれません。しかし、商売とはそういうものです。電話してアポイントを取って、そして飛び込むのです。

もちろん取引先は知人に紹介してもらったほうがいい。これは女の子を口説くときと同じで、街角でナンパするよりも、友人の紹介や合コンで知り合うほうが成功率が高いのと同じです。

ただ、営業しないと成果はついてこない。売り上げはついてこない、利益はついてこない。口説かないと女はついてこないのとまったく同じです。

これが世の中の基本です。すなわち商売の基本なのです。

気合いと根性で営業する。これは別に難しいことではありません。むしろ何も考えなくていいわけですから簡単です。

口下手でも構いません。口が達者な営業ほど、ともすれば自分のセールストークに酔ってしまい、ひとりよがりのことを話しがちです。口下手でも、相手の顔をきちんと見て、真剣に話せば相手はわかってくれます。

どうしても緊張してしまう人は、事前に話のネタを準備していけばいい。そのネタからうまく商売の話につなげればいいわけです。

たとえば、僕の会社の名刺のサイズは少し変わっています。縦幅が普通の名刺の三分の二ほどしかありません。営業は名刺交換からはじまります。そのとき、この名刺で相手に社名を強烈に印象づけるわけです。名刺がきっかけになって、会話がスムーズにはじまり、商談が成立したということは何回もありました。

そのほか、いくらでもやり方はあると思うのです。どうしても口が回らないようだったら、口が達者な仲間についてきてもらってもいい。

これは、うちのソフトウェア事業部の前身にあたる会社で営業部長をやっていた人が考えたテクニックなのですが、専門知識のある「オタク」と、人当たりがよく口も達者な女性営業マンを組み合わせて営業に行かせたのです。

こうするとお互いの足りないところを補い合うことができる。その営業部長はこの手法によって売り上げを二倍以上に伸ばしたのです。

気合いと根性ということで言えば、僕には東大受験の必勝法があるのです。英語の場合、単語帳を丸暗記するだけ。それだけで東大は受かります。いろいろ難しいことを考えずに、シンプルに丸暗記すればいいのです。

生半可な丸暗記ではなくて、二〇〇ページの単語帳だったら、本を閉じたとき用法を含めて二〇〇ページすべてを暗誦できるようにする。そのくらいの丸暗記をすれば、どこの大学でも楽勝で合格します。

結局何をやるにしても、気合いと根性ということになります。ものごとを複雑に考えずにシンプルにやるべきことをやる。東大に入りたければ覚えることをピックアップして、単純に暗記すればいい。商売をやっているなら熱心にものを売ればいい。

成功への道は、ほんとうにこれだけなのです。

とりあえず一つ売れ

僕の会社がインターネットのウェブサイトを制作して売っていた頃の話です。当時はｅコマースのサイトもいまほど一般的ではなかったので、必ずしもお客さんからいただいていた金額分の効果があるとは思えなかったのです。会社を黒字にさせるためには、正直言って過分にいただかないとやっていけず、多少高めに売っていたわけです。

しかし、それでも売れていました。きちんと説明すれば売れるのです。一度売れると、次から次へと売れていきました。僕はその時代に、「売れないと思っていたけど売れた。みんな買ってくれるんだ」という成功体験を積んだのです。

一回ナンパに成功して女の子をものにすることができると、次のナンパから楽になります。同じようにものを売って具体的にお金を手にした経験が大切なのです。

僕自身セールストークを訓練したわけではありません。当時は「買ってください」という思いだけしかありませんでした。いろいろなことを考えながら、「これがいいですよ、あれがいいですよ」と言って売るわけですが、それでみんな買ってくれるわけです。

そのときの嬉しさは、はじめて女の子を口説けたときと同じだと思うのです。だから、とりあえず一つものを売ってください。

お金が自分の手元に入ってくる。その感覚が成功体験になるのです。

僕が「成功体験」と言うと、「自分がいまいる場所で成功すればいいのではないか」と話をはぐらかしてしまう人がいます。高校生なら学校のなかで優秀な成績をとるとか、マラソン大会で優勝するとか、主婦なら家庭のなかでよき母になるとか……そういう話ではありません。僕が言っているのはお金の話です。

純粋に商売の話です。

高校生だろうが、主婦だろうが、お金を手に入れればいいのです。お金を得る体験のことです。それが僕の言う「成功」です。

高校生だったら学園祭やフリーマーケットでものを売ってもいい。インターネットのオークションでものを売ってもいい。いまはパソコンがあれば、簡単にものを売ることができる時代です。高校生でも主婦でも、二億、三億稼ぐチャンスはいくらでもあるのです。

僕が「気合いと根性でものを売れ」と言うと、その瞬間に萎《な》えてしまう人もいるでしょう。でも、ちょっとしたものを売るのに、そんなにたいそうな気合いと根性は必要でしょうか。そうでもないと思うのです。

まずは、親に買ってもらえばいいのです。

なにかを仕入れてきて親に売る。親が買ってくれるということは、自分を信用してくれているということです。お金を出すというのは信用ですから。親に信用されるということは商売をするうえでとても大事なことです。

親兄弟は、熱意を見せればわかってくれます。それが血のつながった家族なのですから。生命保険の外交もそうですが、営業というのは家族や親戚、友達といった周辺を巻き込むことからはじまるのです。すべてはそこからしかはじまらないのです。

親を説得してものを売るくらいなら誰でもできるはずです。それでも親が買ってくれないという人は、すでに終わっています。親兄弟にも信用されないやつというのはだめなのです。商売をやっても必ず失敗するはずです。

とりあえず、親、兄弟、友達。そこからはじめてください。

お金はきちんともらってください。家族だから、知り合いだからという理由でお金の計算をなあなあにしておくのはだめです。

商売はボランティアとは違うのです。僕はボランティアには否定的です。

ボランティアは生ぬるいのでやめたほうがいいと思います。ボランティアで結ばれた関係というのは非常に脆《もろ》いものです。お金が絡んでいない以上、そこには責任が発生しないからです。

お金で結ばれた関係はやはり強いのです。

つぶれる会社には法則がある

会社をつくって儲けるのは簡単です。二億、三億稼ぐ会社をつくるのって楽勝なのです。

そう言うと「簡単なわけないじゃないか。毎日たくさんの会社が倒産しているじゃないか」と反論されます。

たしかにいまたくさんの会社がつぶれています。

しかし歴史をふり返ってみればつぶれる会社には一定の法則があることがわかるのです。

その法則に気づけば、会社は倒産することはないのです。

よく「失敗は成功のもとである」とか「若いうちは失敗したほうがいい」などと言われますが、そんなわけはありません。失敗は、しなければしないほうがいいに決まっているのです。

失敗しないと学べない人は凡人です。

自分の身をもってでないと学習できないということは、他人の失敗から学ぶことができない人ということです。それは普通人です。

これまで歴史上のたくさんの人たちが、山ほど失敗してきました。失敗例なんてもう、掃いて捨てるほどたくさんあります。たとえばですが、日本経済新聞の「私の履歴書」とか、日経ビジネスの「敗軍の将、兵を語る」なんかを読めば、簡単に過去の成功例・失敗例を学ぶことができます。

そして、失敗した人の轍《てつ》を踏まなければいいだけの話です。

こういった知識は多ければ多いほどいいのです。似たような失敗をした例は必ず過去に見つかります。そして、それをいざというときに思い出すのです。そうすれば、会社が少しくらいうまくいっても、有頂天になって足下をすくわれなくて済む。

凡人から一歩抜け出すには、常に先人の知恵から学ばなければならないのです。その努力を怠らなければ、失敗の一歩手前で踏みとどまることができるのです。

もちろん僕も小さな失敗をすることはあります。しかし、法則に従って動いている限り会社がつぶれるような大きな失敗は避けることができるのです。

会社が成長していくにつれ、いろいろな落とし穴がでてきます。それを法則によってあらかじめ予測して、そこに落ちないようにすればいいわけです。

一例をあげます。

「創業時の仲間は最終的に仲間割れする」という法則があります。

これはアルバイトをしていたコンピューター関連の会社をやめるときに、そこの社長に教わったことです。

「創業メンバーというのは必ずバラバラになり、結局は社長だけが会社に残ることになる」と言われて、実際にそのとおりになりました。

会社をまとめるときには創業メンバーのうち誰かが社長にならなければなりません。というのも、トップがたくさんいると誰についていくべきか社員は迷ってしまうからです。

リーダーは必ず一人でなければいけない。

代表取締役社長と代表取締役副社長といった形でリーダーが二人以上いるような会社もありますが、こういった会社がずっとうまくいくのは非常にまれです。リーダーは一人のほうが会社はうまく成長するのです。

創業メンバーと社長とがバラバラになる原因は両者にあると思います。

一つは能力の違いです。

会社が発展してくると、社長とそれ以外の創業メンバーでは役割が大きく変わってきます。そうすると、創業メンバー間の能力の差が顕在化してしまうのです。

小さな会社の場合、営業も社長の仕事です。その他、多くの外交的な仕事は社長がやることになります。営業に行って名刺を渡せば、相手側も社長ということである程度話を聞いてくれます。そういったこともあって、社長が営業に行く機会が多くなります。そうすると社長はいろんな人たちから、新しいことをどんどん学んでくるわけです。

一方で、それ以外の創業メンバーは、取締役という形で会社にいても、どうしても社内的な仕事ばかりをすることになる。経理や財務をやったり、社内のマネジメント、制作のマネジメントといったことが仕事の中心になります。

外に出て行かないのです。社内にばかり目が向いていて、ずっと同じことをやっているので、ぜんぜん成長しないわけです。

そこで、社長とそれ以外の創業メンバーとは、ある時点で決定的な差が開いてしまうのです。

社長は経営の要《かなめ》を肌で学んでいきます。会社を大きくして、存続させていくためには何をすればいいのか、それを外の世界で日々学び、前進しているのです。

それなので社長が言っていることは多くの場合、正しいのです。

ところが社長以外の創業メンバーは、そのころには社長の考え方がわからなくなっているわけです。「あいつは変わってしまった。もうあいつにはついていけない」と。それで創業メンバーはたいてい会社をやめていくのです。

また、後から入社してきた人が役員になったり、自分が役員から降格させられたりすると、創業メンバーとしてのプライドが許さないということで会社を去っていくパターンもあります。

会社の方針に合わなくなるケースもあります。

株式会社の目的は利益を追求することですから、仕事の内容も利益中心主義にならざるをえません。そうすると、必ずしもやりたいことがやれるわけではなくなってきます。それで、少人数のベンチャー的雰囲気が好きで会社をはじめたメンバーが、これまた離れていってしまうのです。

もちろん共に会社を大きくしてきた有志が抜けることは、会社にとっては大きな損害です。役員が一人抜けると、普通三、四人の従業員を引き連れて一緒に抜けるケースが多く、社内に動揺が走ります。そのときは社長として、動揺を社員に見せず、いやな雰囲気を社内に蔓延させないことが大切です。

アルバイト先の社長からこの教訓を聞いたときは、軽く聞き流していましたが、創業から四年後、当社も見事に創業メンバーは僕以外、一人もいなくなっていました。

急成長する会社ではこういうことは非常に多いのです。

会社をやめた創業メンバーが株をたくさん持っていると結構やばいことになる。そこは、株式を移動させてあらかじめ保険をきかせておく。そういうことは法則に従って確実に押さえておかなければなりません。

これも過去に学んだことです。

なぜ請求書にマネージャーのサインが必要か

僕たちは資本主義社会で仕事をしています。資本主義社会という土俵の上で戦うわけですから、当然そのルールを知っておかなければなりません。

そのルールとは、資本主義社会の基本概念を知ることです。

それは別に難しいものではありません。普通に考えれば誰でもわかることです。

しかし、その当たり前のことがわからない人が多いのも事実なのです。

先日ちょっといい例がありました。

当社の女性社員で僕よりも年上の四〇歳くらいの人がいるのです。

その彼女が、請求書を発送する際、マネージャーの承認とサインが必要になることに疑問を抱いているのです。「どうしてマネージャーのサインがないと請求書がだせないの」「どうしてそんなに面倒くさいことをしなければならないの」「私のチェックで十分ではないですか。お金をもらうだけなのですから」というわけです。

僕はそれを聞いて、「あっ、これはちょっと問題だな」と思いました。彼女が資本主義社会のルールを理解していないことがわかったからです。

彼女は、請求書をだすということは金額を間違えずに確実に相手に渡すことであり、それで事足りると思っていたようです。

しかし資本主義のルールとは、「金額を間違って請求したら大変だから」といった話ではないのです。もし間違って請求したら、「ごめんなさい」とあやまれば済む話です。正しい金額を再請求すればいいだけです。そんなレベルではないのです。

請求書にマネージャーのサインが必要なのは、請求したお金を回収できるかどうかがわからないから、なのです。

請求書をだしたからといって、相手がお金を払ってくれるとは限りません。請求してもお金を払わない人は、決して少なくないのです。

資本主義社会はお互いの信用関係のもとに成立しているはずです。しかし、なかには悪い人もいます。悪意を持って請求を無視するケースもありますし、またはやむをえない事情があって、支払いが遅れるというケースもあります。

そういうところに請求書をだしてもお金が入ってくるかどうかわからないのです。

請求書を切れば、当然その分会社に利益が計上されます。そうすると、その利益分の税金をすぐに払わなければならなくなるのです。

請求書を切った後に売り上げを取り消せば、当然税金を払った分だけキャッシュフローは悪くなる。損をするわけです。当然資金繰りも悪くなります。

それなので請求書をだす前には、取引先の与信管理というものが必要になってくるのです。つまり、マネージャーがあらかじめ取引先の経済状態をチェックするわけです。その結果、マネージャーが大丈夫だと判断すれば、そこではじめて請求書を切ろうという判断ができるのです。

これは常識なわけです。請求書をだせばお金が返ってくる、そんな訳ないじゃん、という話なのです。

彼女はそこを理解していなかった。これまでの間、彼女がそれを知らなかったことは大きな問題です。きつい言い方をすれば結局、彼女はアルバイトしている人たちと同じ集団に属しているわけです。社員としてのレベルに達していないんですよ、と。

こういう人はよく問題を起こします。

「信用していたのに裏切られた」「貸した金が返ってこない」という話はよく聞きますが、資金のこげつきって、経験するまでわからない人が多いのです。

会社と会社の取引関係は基本的に信頼関係でなりたっています。つまり性善説です。けれども性善説だけで考えていたらばかを見るので、性悪説の面においても考えなければいけない、ということです。

取引相手を信用しきってはいけないのです。

「信用は大事だけど信用してはいけない」という訳のわからない状況。これが資本主義です。

信用しつつ、万が一に備える。

自分が勝負する場所なのですから、最低限のルールは理解しておかないとだめなのです。

部下をほめてはいけない

「部下はほめて伸ばせ」「上手にほめてやる気をひきだす」といった類の本は書店にたくさん並んでいます。同時にまったく正反対の「上司が鬼にならねば」といった本も売れているようです。

いずれにしても、多くの会社人間が部下への対応で深刻に悩んでいるから、こういう本が売れるのでしょう。

実は僕には子どもの頃両親にほめてもらった記憶がほとんどありません。自分ではすごいことをしたと思っていても、両親は決してほめない。

学校のテストで一〇〇点を取るのは当たり前だと思われており、逆に一〇〇点を取らないと怒られるのです。

しかしそれでへこたれなかったのがいまの自分をつくっていると思います。両親から受けた教育のなかではこれが唯一よかった点なのでは、と思うほどです。

ほんとうにできる人間、成功する人間は、人並み以上のことができて当たり前。誰でもできることをうまくやったとして、そこでほめるのはむしろ逆効果になってしまうこともあります。本当にすごいことをしたときだけ思いっきりほめればいいのです。

生半可なことではほめられないことを悟り、ハングリー精神を持って這い上がってくる人間だけが、最後に成功し、上司ではなく大勢の人たちから賞賛される人間になるのだと思います。

というわけで、僕は会社で部下をほとんどほめません。

「社長もっとほめてくれよ」と役員やマネージャーにいわれますが、「ほめない」ことがいまの会社をつくっていると思います。

僕の会社ではお金で評価をだします。

同期に入社した社員でも、能力や職種によって給料はぜんぜん違います。

最低給は一八万円ですが最高給になるとヘッドハンティングされてきた人で月給二〇〇万円くらいになる。成果に対してはきちんとお金で評価するということです。逆にいえば、社内でなあなあで使うような無駄なお金は一切だしません。

経費の使い道はすべて会議にかけますし、基本的に交際費は経費では落とせません。交際費という名の遊興費に過ぎないのが実態でしょうから。

これまでの日本の社会では、交際費、接待費という名目で、オヤジたちが会社の経費を使い、銀座のクラブで大きな顔をしていました。

しかし、これは厳密にいえば、税金ドロボーなのです。

会社側も「どうせ税金で持っていかれるくらいなら経費で落とせ」などと思っていたのでしょう。

もちろん社長の僕も交際費を経費では落としません。食事に行っても僕はすべて自腹で払っています。そうしないと社内で示しがつきませんし、それに社内では僕が一番ケチなのです。

ベンチャー企業の社長の場合、ケチであることは重要だと思います。特にスタートアップのベンチャーには倹約の精神が必要です。

経費なんて削減しようと思えばいくらでもできますし、それによって会社の利益は相当変わってくるのです。

僕はベンチャー企業のリーダーの条件は、社員をぐいぐい引っ張る豪腕だと思っています。ベンチャー企業の成長スピードははやいので、リーダーがぐいぐい引っ張らないと失速してしまう。多くのベンチャー企業は、外見も中身もしょぼいので、少し無理をして背伸びしなければ成長しないのです。僕が部下に厳しいのも、そのへんに理由があるのです。

社内はある程度締めつけなければ、すぐに失速してしまうのです。

伸びしろの大きい社員に投資を集中する

どんな世の中にも天才と鈍才がいます。そして一部の天才が多くの鈍才をリードして引っ張っていくわけです。これは企業をはじめ、すべての組織にあてはまることだと思います。

僕は常に「一部の天才に集中投資するべきだ」と言っています。

広く分散して少しずつ投資するよりは、一部のエリートにどんと投資したほうがはるかに経済効率がいいからです。そのほかの雑草には栄養をあげなくても、できるやつは勝手に少しずつ成長し、這い上がってくるものなのです。

たとえば社員が一〇〇人いるとします。すると実質的には一〇人以下の人間が会社を引っ張っていくわけです。能力が高い人に集中投資をすると、伸びしろが大きいので、その伸びしろの部分で他の九〇人を食わせることができるのです。

一〇〇人の社員に等分に投資したら一〇〇人分しか利益がでない。しかし、一〇人に集中投資することによって一〇〇〇人分の働きをするということがありえるのです。残りの九〇人はその分け前にあずかって食えるわけです。

だからその「一〇人といかに組むか」が経営のポイントになると思います。

その一〇人をどうやって見つけるかが成功の分かれ目といっても過言ではありません。

僕の会社の場合、入社試験は一切おこなわず面接のみで社員を決めます。フリートークで何をやりたいのかを聞くわけです。それが一番確実な方法だと思っています。

だめな人というのはだいたい一分話せばわかります。こちらが「あーあ」と思ってしまう人は、うちの社員としては必要ないので特にケアもせずにお引き取り願っています。

だめな人とは要するにヤバイ奴です。挙動不審で目が泳いでいたり。だめなオーラが漂っている人は見ただけでわかります。

大勢の人が面接にきますが、「これは」という逸材はもちろん少ない。そこは妥協して採用するのです。一〇の能力がなくても、七でも八でもあればいいという感じで。

しかし、彼らのなかには将来一〇〇〇人分の働きをする人も交じっているわけです。面接の際、この逸材を見逃さないというのも経営者の手腕だと僕は思っています。

引きこもりにネット内職を与えよ

「あなたのビジネスのターゲット層はどこなのか」とよく聞かれます。「一体、誰に向かって商売をしているのか」と。

そういった質問に対して僕はシンプルに「エンドユーザー」と答えています。商売の対象にならない人なんてこの世にはいないのです。将来的にほとんどの人たちがインターネットのユーザーになるはずですし、そういったなかで、仕事の形態そのものも劇的に変化し、次々と新しいビジネスが誕生してくるはずです。

いまわれわれが提供しようとしているのはネットの内職です。というと、ちょっとアンダーグラウンドな感じがするかもしれませんが、ネットワークだけで完結してしまう引きこもりの人向きの仕事ってあると思うのです。

たとえば、「ネットナンパ代行」。いまやナンパの舞台はインターネットの出会い系サイトになっていますが、その世界のなかにもテクニックがあるのです。それで、ネットナンパが面倒な人のために代行業をさせるわけです。女の子を一人引っ掛けたら一〇〇〇円払ってもらうとか。これは実際にやっている人がすでにいます。

ネットワークゲームでキャラクターのレベルを上げるのを手伝う「レベル上げ仕事」も商売になるかもしれません。たとえば「ドラゴンクエスト」だったら、レベルを上げる作業ってスライムを殺していくみたいなつまらない作業だと思うのです。やはり時間がない人はいるので、レベル上げ代行も商売になる。まあ、たとえばの話ですが。

こういう仕事って実はたくさんあるのです。そして、引きこもりの人もいま、山ほどいる。ここをネットでつなげばお金はドカンと生まれるわけです。

IP電話が普及してくれれば電話代もかかりませんし、彼らは自宅にいながらお金を稼ぐことができるようになるわけです。これはものすごい労働力になるはずです。

ニューヨークに本部がある航空会社にフリーダイヤルで電話をかけると、一部の電話はインドなどの外国に転送されます。人件費の安いインド人を雇って、現地にコールセンターをつくっているわけです。それで、インド人の英語のイントネーションをアメリカ風に徹底的に直して、ニューヨークで電話を受けているように見せかけているわけです。

こういうものも、発想としては近いと思います。

しかし、英語圏の彼らにはそれができますが、日本語の場合はこれはなかなか難しい。

外国で日本語のコールセンターを開くとしても、中国の特定の地域くらいでしかできないわけです。

それなので、日本の場合は引きこもりやフリーターたちを使うのが一番いいのです。うちの子会社も一五〇席くらいのコールセンターを持ってますが、そこには僕でも思わず「なんだコイツは」みたいな茶髪女子高生たちが結構出入りしています。

引きこもりというと、条件反射のように「最近の若い奴はだめだ」となってしまうオヤジ世代がいます。マスコミも社会問題にしようとしている。

しかし、彼らはわれわれの重要な労働力でもあるわけです。そういうふうに見ないといけないのです。

僕は彼らの生き方を否定していません。人にはそれぞれの価値観があるはずです。

それはそれで勝手にやってくれ、でも利用できることは利用し合おうよ、というだけの話です。

資金は一気に集めろ

会社を立ち上げてそこそこ軌道に乗ったら、次のステップは会社を大きくしていくことになります。僕は最初、六〇〇万円の資本金で有限会社をつくりましたが、設立後一年三ヶ月を過ぎると、ある程度、内部留保ができたので、担当の税理士が「社長、そろそろ株式会社にしようか」という話をもってきたのです。

株式会社にするためには一〇〇〇万円が必要でしたので、残り四〇〇万円の資本金をどうやって調達しようか悩んだのですが、当時僕は数百万円を会社に貸しつけていたので、それを資本にかえてしまおうという話になりました。英語では「Debt Equity Swap」といいますが、財務諸表の負債の部分を資本の部に振り替えたのです。

それで、晴れて株式会社になったわけですが、再び税理士が「社長、株式会社にしたなら株式公開をしなきゃいけないよ」というのです。当時の僕は「株式公開」という言葉も知りませんでした。

これは後々意味がわかってきたのですが、株式会社というのは成長の過程で生じるリスクを分散させる仕組みなのです。大勢の人たちから少額のお金を集めて、まとまった資金をつくる。株主は配当やキャピタルゲインを得ることができる代わりに、株価の低下などの一定のリスクを負うことになります。つまり、経営者のリスクを分散することができるわけです。

資本があるとビジネスのスピードは加速します。株式会社はそのための非常に優れた仕組みなのです。その流れをさらに加速させる仕組みが株式市場です。

株式を公開することにより投資家をたくさん捕まえることができるわけです。株式は非公開の状態ですと換金しづらいのですが、公開されれば株式市場でいつでも売り買いができます。投資先企業の成功が見込めなければ、すぐに換金することができる。そういう安心感があるので、その分お金は集まりやすくなるわけです。

それを理解したときに、すぐにでも株式を公開して、会社を大きくしなければと思ったのです。そのときに、サイバーエージェントの藤田晋社長と運命的な出会いをしたのです。彼がインテリジェンスという会社にいた頃、間接的に一緒に仕事をした経験はあったのですが、あるインターネットの広告配信のプログラムをあらためて一緒にやることになったのです。

そこで藤田さんは「うちの会社は、あと二年か三年で株式公開をする」と宣言しました。彼は僕より一歳下なので、「僕より若いのにこんなにすごいことを考えている人がいるんだ」とメラメラと闘志が燃えてきたわけです。

当時の僕は、株式公開というのは、年商数十億円という大きな会社がやるものだと思い込んでいたのですが、年商何十億という会社でも実はたった一億円、二億円程度しか利益をあげていない会社が多いということがわかってきました。ところが、僕のやっているようなインターネット関連の業種は粗利率が非常に高いので、売り上げが三億円でも一億円の利益をだすポテンシャルがあるのです。

それに気づき、急いで準備をはじめました。

すると、アドバイスしてくれた税理士がうちの会社に入社してきて、CFO（最高財務責任者）に就任しました。彼は会計士や弁護士といった専門家集団を連れてきて、それで株式公開に必要なメンバーを揃えることができたのです。

当時はすでにアメリカでIT企業のブームが起きていて、それを見た日本の証券関係者が「国策としてIT系の会社を日本につくっていかなければならない」と考えていた時期です。ソフトバンクの孫正義さんがナスダックジャパンをつくったり、それに刺激されて東京証券取引所がマザーズを立ち上げたりしていた。それが僕たちにとっても大きな追い風となりました。

「マザーズだったらどうも一年くらいで株式公開ができるらしい」

それがわかると、さっそく株式公開をして資金を一気に集める準備に入りました。

当時のインターネットの盛りあがり方が、後に「ネットバブル」と呼ばれるような少々異常なものだったことは、僕もある程度わかっていました。「ちょっと期待感が増幅しすぎなのではないか」「祭りの後でガツンとやられるのではないか」という懸念があったのは事実です。

それで「なるべく早く株式公開して、一気に資金を集めてしまおう」と考えました。「お金が集まりにくくなる前」に株式公開しようと決めたのです。実際の株式公開は二〇〇〇年の四月でしたので、ぎりぎりだったわけです。

僕たちはどうも最終列車に間に合ったようです。

株式を公開して、そこでお金を一気に六〇億円集めました。それが現在の売り上げ二五〇億円を生み出す原動力になっていると思います。お金は集めることができる時期に、一気に集めてしまわないとだめなのです。

第3章

いま考えていること・これからやること

100億から3000億へ未来の種

インターネットビジネスの未来

他人と同じことをやっていても大きく儲けることはできません。大きく儲けるには、逆転の発想が必要なのです。

たとえば、第二章でもふれたように、僕はプロバイダーの「ライブドア」を買収し、さらに社名を「エッジ」から「ライブドア」に変更し、これまで立ち上げてきたビジネスすべてを統合しました。

「一度倒産した会社の名前を使うのは縁起が悪いじゃないか」とか、「ブロードバンドによってインターネット環境が高速化しているのに、なんでダイヤルアップのライブドアを買収したのか」などとよく聞かれます。

しかし、「ライブドア」の名前は当時すでに有名でした。一気にトップにのぼりつめるためには、これまで莫大な広告費が注ぎ込まれてきたライブドアの名前を利用したほうがいいのです。また、僕は「ライブドア」がダイヤルアップだったからこそ、買収したのです。

「ライブドア」はご存知のように無料プロバイダーの草分けです。無料プロバイダーはいくつかあったのですが、ほとんどが撤退してしまい、残されていたのは「ライブドア」だけでした。

ブロードバンドを導入している企業や家庭が増えたとはいえ、加入者は日本全体で当時、まだ五〇〇万人程度でした。地方に行けば、ダイヤルアップ・ユーザーはまだまだいるのです。

今後、ダイヤルアップ・ユーザーの数は減っていくと思いますが、逆に彼らのなかでの「ライブドア」のシェアが高まっていくとにらんだわけです。

現在、「ライブドア」の会員は無料でインターネットを利用しています。なぜ無料になるかというと、「ライブドア」の収益はこれらのユーザーが使う電話通話料のキックバックであげているからです。毎月ユーザーが払う電話料金は非常に大きいのです。

他社がブロードバンドに追いつけ追い越せで撤退していったので、さらにユーザーのお金が「ライブドア」に集まるようになりました。

また、僕らは「ライブドア」の改良を進め、全国どこからでも同一の電話番号でつながるようにしました。それまでは全国二〇三ヶ所の市外局番に設置されていたアクセスポイントを一つの番号にして、日本全国どこからでも、三分間で八・九円の通信料で利用できるようにしました。

アクセスエリアが全国に広がれば、地方のISPに高い料金でつないでいた人が、無料の「ライブドア」に流れてくるのは当然です。会社や自宅でブロードバンドを使っている人も、出張先のノートパソコンからは「ライブドア」を使うようになる。無料で簡単だったら、使わない手はないからです。

僕は「ライブドア」の買収の翌月から、黒字をだしていきました。

いま、力を入れているのは、「ライブドアSIPフォン」です。専用機さえあれば、世界中どこへかけても無料で通話することができます。

IP電話自体はそれほど珍しいものではありません。しかし、従来のIP電話は、パソコンを介さなければ利用することができませんでした。「ライブドアSIPフォン」の場合は、面倒なパソコン接続をせずに、いつでも電話することができるのです。接続は簡単、電話機にイーサネットケーブルを接続するだけです。

ブロードバンド環境さえあれば、明日からSIPフォン同士の電話代を無料にすることができるのです。

さらに有料オプションサービスで、一般加入電話・携帯電話との通話もできるのです。

携帯電話の料金が高くて悩んでいる人は多いと思います。

そこで、開発したのが、「ライブドアSIPフォン　モバイル」です。

これは無線LAN環境で利用できる無線IP電話サービスです。最近は無線LAN環境が増えています。ホテルやネットカフェなどをはじめ、JRの構内にも無線LANのスポットが整いつつあります。

そこで、この「ライブドアSIPフォン　モバイル」が利用できるわけです。もちろん自宅のパソコンで無線LANルーターを使っていれば、自宅でもすぐに使うことができる。

ただし「ライブドアSIPフォン　モバイル」を立ち上げて以来、いろいろな方面からの圧力により、一般加入電話・携帯電話との通話サービスができない時期がつづいています。もちろん、近い将来に解決されていきます。さらに、これから無線LAN環境は全国的に広がっていきますので、携帯電話が無料になる日もそれほど遠くないと思うのです。

それまでは、既得権益を持った旧勢力の妨害と戦わなければなりません。

まあ、いろいろ矛盾だらけの世の中ですが、一つ一つ誠実にガチンコで対決していくことが重要だと思っています。こういった問題は、決してうやむやに終わらせてはいけないのです。うやむやにすることは決して「大人の対応」ではないのです。自分をごまかさずに、おかしいところはしっかりおかしいと言わなければなりません。

インターネットは急速に進化していますが、最先端ばかりでなく、取り残されたところに意外に大きなビジネスがごろごろ転がっているものなのです。そして、その取り残されたところとは、旧世代の旧勢力が、利権を握っているところです。

そこを改善していかないと、未来は見えてこないのです。

リンドウズがネット世界を変える

僕がOS開発の事業を進めていることもあって、「敵はマイクロソフトですか」と聞いてくる人がいます。しかし、僕には「商売敵」という発想がそもそもないのです。

実はマイクロソフトのソフトウェアは僕の会社でも販売しています。日本ではインプレス、セブンドリーム、アマゾンに次ぐ、四番手のオンラインセーラーなのです。

マイクロソフトを敵視しているということはないと思います。

しかし、マイクロソフトのウィンドウズが大きな市場を一社で独占している状態は、非常にアンバランスであることは事実です。ウィンドウズというOS全体に事故が起きる可能性もありますし、ユーザーも「一社しかないのに、なにかあったらやばいだろう」という不安がある。ですから将来、ゆり戻しみたいなものが自立的にでてくるはずです。市場の論理でいうとOSのシェアは、この先いくつかに分離していくはずです。

しかし、マイクロソフトの独占状態というのを、アメリカの帝国主義やグローバリズムに結びつけるのは考えすぎだと思うのです。

僕の頭のなかには「アメリカが」とか「日本が」といった発想は一切ありません。それは「福岡県が」とか「東京都が」と言っているのと同じことで、どうしてそこにこだわるのかが僕はさっぱりわからないのです。高校野球で地元のチームが優勝したとか、そういうスポーツなどの健全な地元意識ならいいのですけれど、偏狭なナショナリズムになってしまっては、ビジネスの上で正確な判断を下せないと思っています。

マイクロソフトに理屈で反発するのではなくて、一種のナショナリズムで反発しても仕方がないのです。

それってアンチ巨人みたいなものなのですね。「強いものは嫌い」という人たちは、ある一定の確率で存在するのが世の中の常なのです。「石原慎太郎は嫌い」だとか。

でも、そういう人に限って理由がない。相手が強いから反発するというのでは、こちらの進歩もありません。相手が強い理由を解明し、それを乗り越えていかなければならないのです。

僕はマイクロソフトに「理屈」で勝負しようと思っています。

二〇〇三年の九月に幕張メッセで開催されたデジタル展示会「WPC　EXPO　2003」で僕は「リンドウズが世界を変える」という講演をしました。「リンドウズ」とはうちの会社で開発したOSで、プログラムが公開されているリナックスがベースになっています。

僕がリンドウズの開発を急いだのは、マイクロソフト社のウィンドウズがOSを独占しているばかりでなく、誰もが当たり前のようにウィンドウズを使っており、そもそも競争があってしかるべき商品だという意識すら薄れている現状に、危機感を感じたからです。ハードウェアの価格は毎年下がっているのに、パソコンは一向に安くなりません。その理由はOSのライセンス価格のせいです。つまり、消費者は与えられたOSを使うだけの状態となっているわけです。

ウィンドウズが悪いと言っているわけではなく、一つのOSに完全に頼り切ってしまうと、危険だということです。特定のメーカーが開発したOSの場合、問題の改善はそのメーカーの技術に頼らざるを得ません。しかし、リナックスは世界中のコミュニティの力で日々発展しているので、より高度な安定性を求めることができます。現在問題となっているコンピューターウィルスは、ウィンドウズと比べてリンドウズのほうが圧倒的に少ないのです。

もうひとつ、リンドウズの特徴は、ライセンス料が圧倒的に安いことです。ウィンドウズＸＰが二万円以上するのに対して、単体パッケージの「Lindows OS4.0日本語版」は六八〇〇円。すでに二、三万円のプリインストールマシンが発表されているくらいです。ソフトの値段も格安です。リナックスはオープンソースになっているので、世界中の優れたソフトを低価格あるいは無料で手に入れることができます。

また、リンドウズでは、「Click-N-Run」というサービスを受けることができます。これは年額九八〇〇円を支払えば、一八〇〇タイトル以上のアプリケーションソフトを、クリック操作だけで自動的にダウンロードし、インストールできるようになるというものです。パソコンを買った後、ソフトを揃えるのにはお金がかかります。このサービスに加入すれば、画像編集ソフト、ホームページ作成ソフト、教育ソフトといった、様々なジャンルのアプリケーションソフトを自由に使うことができ、お金を節約することができるというわけです。

いまのところ英語版のソフトが中心なのですが、現在ソフトの日本語化や日本オリジナルソフトを続々と追加しているところです。

世界を変えるためには、もうひと押し必要です。

そこでさらに一歩進めて、うちの会社が開発したのが「リンドウズＣＤ」です。これまでのOSは一回ハードディスクにインストールしないと使えないものでした。しかし、「リンドウズCD」ではCD-ROMから直接OSを起動できるようになったのです。

これは画期的なシステムです。外出先でも海外でも、CD-ROMドライブのついているパソコンさえあれば、いつでもどこでも日本語環境でパソコンを使うことができる。つまり、OSを持ち歩くことができる時代になったわけです。

一・五GBの大容量USBメモリーキーを使えば、起動もはやくなりますし、データの保存もできます。このようにリンドウズはすでにコンピューターの世界を変えてしまっているのです。

リンドウズは今後さらに変化を続けます。おそらく将来的にはハードディスクを持たないリンドウズベースのインターネット端末という形になると思います。パソコン内部にデータを保存しないのでセキュリティが高いし、すべてのトラブルは電源を入れ直すだけで解決するようになる。

リンドウズの登場によってOS業界が流動的になるのは間違いないと僕は思っています。そしてそれはパソコンの将来にとって、必ず良い方向に流れていくと思います。

技術を売りに

僕の会社では当初ホームページの制作をメインにしていました。そのとき心がけていたのは、「技術を売りにする」ということです。

自分たちがつくっているのは、芸術作品ではなく、クライアントからのオーダーがあってはじめて成り立つ商品なのです。それなのでいかに「はやく」「安く」「正確に」オーダーを実現できるかが、他社を出し抜いて成功するためのポイントとなります。

信頼を勝ち取るためには、きちんとした生産ラインを整備してミスを少なくすることが大切です。これは一流の家電メーカーが実践している考え方と同じで、きちんと生産ラインを確立させ、QC（クオリティ・コントロール）を徹底的に行うわけです。

つまり、ひとつひとつの業務の責任の所在を明確にして、それをシステマティックに運用していくということです。

ウェブサイトをつくるうえでは、特にこの考え方を徹底しました。

きちんとした仕事をすれば、自然と人が集まってきます。小室哲哉さんとかｇｌｏｂｅ

のサイトを受けたのもその頃です。たまたま人脈があったのでお手伝いしたのですが、そういう派手な仕事をしているとさらに人が集まってきます。

こうして僕の会社が注目されていくなか、僕は技術を売りにしました。ベンチャー起業という浮わついたイメージではなくて、堅実な技術集団というイメージをつくったわけです。

実はプログラムをつくるのはすごく簡単な作業なのです。しかし、自分でプログラムをしない人たちからは難しそうに見える。

なので、難しそうに見えるのを逆手にとって、「難しいんだから、技術力のあるうちがやりますよ」と仕事を集めてきたわけです。実は僕もプログラムが得意なわけではありません。ただ簡単なことはわかっていたので強気にでることができたのです。

要するに見せ方の問題です。若いうちにのしあがるためには、技術を売りにするのは一つの重要なファクターです。若いうちは人脈や経験が少ないのですから、技術で顧客に安心感を与えなければならないのです。

小室哲哉さんはコンピューターが好きなので、僕の会社と関係を持ったのですが、そういうクリエーター業界の人はマックで音楽や映像を扱うようになって、そこからインターネットに入っていった人たちが多いのです。

ふりかえってみると、アップル社と仕事をしていたのが、現在の人脈に影響しているのだと思います。インターネットに触れたきっかけもマックでしたし、やはりそういう出会いは大切だと思います。

同時に当時培った技術がいまも役に立っているのです。

いまから五年前にeコマースサイトを開いても成功は難しかったと思います。それで僕の会社でもeコマースには本腰を入れてこなかったのです。お客さんに頼まれればeコマースサイトのシステムはつくりますけど、「後はご自由にどうぞ」という形でした。

ところが、やっと時代が追いついてきた。eコマースサイトで繁盛しているお店がたくさんでてきたのです。そこで当時から蓄積してきた技術を使って、自分たちでビジネスを展開しているわけです。

今度は僕たちがお金を集める番なのです。

子どもがゲーム離れしている理由

時代の流れを読むことができないとどうなるのか。

そのよい例が現在のゲーム業界です。

いまテレビゲームで遊ぶ子どもは激減しています。実はこれは既定路線なのです。つまりゲーム業界が衰退するのはあらかじめわかっていたことでした。

僕らの世代はテレビゲームの最初のユーザー層といっていいでしょう。僕らが小学生の頃にカセットビジョンが登場して、任天堂のゲームウォッチがでた。小学校高学年のときにファミコンがでて、メガドライブがでて、PCエンジンがでて、スーパーファミコンがでて、プレステがでて、プレステ2がでて、という時期を経てきているのです。

このようにゲーム機はいろいろと新しいものに移っていったのですが、ゲームの内容自体は実はぜんぜん進化していないのです。

いま、ゲームの主流になっているのは、ネットワークゲームと呼ばれているものです。インターネットの回線を使って、複数のユーザーがゲームに参加できるようになっているわけです。

一番人気のあるネットワークゲームは「ウルティマ・オンライン」というゲームです。「UO」と呼ばれていますが、これは世界初のロールプレイングゲームです。日本で大ヒットした「ドラゴンクエスト」だって、もとを糺《ただ》せばウルティマです。

時代は変化し続けているのに、いまだに「ウルティマ・オンライン」なのです。つまり、ゲームの業界は、この二〇年間なんの進化も遂げていないのです。

もちろん、テレビゲームが誕生した最初の時期に、いまあるほとんどのゲームのジャンルがそろってしまったとはいえるかもしれません。アクションゲーム、シミュレーションゲーム、ロールプレイングゲーム。

新しいジャンルとしてでてきたのは音ゲームくらいですね。「ダンスダンスレボリューション」とか、「ギターフリークス」とか、太鼓のゲームとか。その程度です。

ずっと変わっていないということに、ゲームユーザーは気づいているわけです。

ゲームの新作がでても、結局これまでのユーザー層をあらたに刈り取っているだけ。おそらく僕が大学生の頃にテレビゲームは終わってしまったのではないでしょうか。

僕らがテレビゲームをやめた後、今度は女性や高齢者層がゲームをするようになった。

何年か前まではテレビゲームをしている女の子って結構いたと思うのですが、彼女たちが飽きてしまうと、新しい市場は新しく生まれてくる子どもたちくらいしかないのです。それだって何年もつか、わかりません。

あなたは気づいていましたか。

次は「ネットワークゲーム」

最近、昔のゲームが脚光を浴びているようです。ベーゴマみたいなものやベイブレード、トレーディングカードが流行ったりと、また先祖がえりしているわけです。

子ども向けのマンガ雑誌を眺めてみればわかりますが、いまはテレビゲームが題材になっているマンガってほとんどないでしょう。昔はたくさんあったのです。子どもたちの目はもはやテレビゲームには向いていないのです。時代の流れを読まないと、このように業界自体が沈没してしまうこともあるということです。

そんななか、僕は携帯電話の「麻雀」ゲームの事業をはじめました。将来的な見通しとして、ゲームとインターネットの関係はどうあるべきかと考えた結論が、携帯で麻雀をやることだったのです。

一部の暇つぶしゲームを除いて、ゲームはすべてネットワークゲームになっていくはずです。理由は、相手が人だからです。人と人とのコミュニケーションには、終わりがないのです。

麻雀を選んだ理由は、普遍的なものしか生き残れないということがわかっていたからです。インターネットの特徴である人と人とのコミュニケーション。そして普遍性のあるゲームを考えたときに、「麻雀」がベストだったのです。

麻雀は何百年もの間、人々が飽きずにやっているゲームです。そして、その本質が四人のコミュニケーションにある。それをネットに流し込めばいい。それだけの話です。

麻雀の雑誌を出しているのは竹書房、たった一社です。それなら、ここと組めば無敵じゃないかと思い、二〇〇一年に株式会社竹書房とイマジニア株式会社とともに、携帯の「麻雀総合サイト」の配信をはじめたわけです。

麻雀に強くなるためのノウハウを提供する「麻雀道場」とネットワーク対戦麻雀ゲーム「斬九」の二つを配信したのですが、その一番の特徴は、ゲーム中にメールで相手とコミュニケーションができることです。

それまでのネットワーク対戦麻雀では、相手がCPUか人間か判別することができませんでした。だから、どこか味気なかったのです。

しかし、ゲーム中に相手とコミュニケーションできることで、実際に麻雀卓を囲んでいるような感覚を擬似体験できるようになったわけです。

その流れを受けて、二〇〇二年には竹書房とともに、近代麻雀公式ネットワーク雀荘「キンマ荘」のサービスをはじめました。

このゲームの特徴は「近代麻雀」の有名キャラクターを使ってゲームができることです。また、初級・中級・上級・超上級の卓を用意してあるので、実力に合った対戦相手を選べる。さらに、卓は全部で四〇〇あるので、混み合わずに、いつでも快適にゲームができます。

この麻雀ゲームは、ゲーム業界全体の低迷のなかで、かなりの利益をあげています。

子どもはゲーム離れしたのではありません。

つまらないゲームから離れているだけなのです。

自己中でいこう

僕は自己中な人間です。

根本の部分に「自分さえよければいいかな」というのがあります。これは小学生のときから一貫してそうです。ぜんぜん変わっていません。

「ジコチュウ」というと批判的な文脈でしか語られませんが、僕は、自己中はやはり人間の基本だと思っているのです。たとえば、困っている人を助けたいと思ってボランティアをする人は多い。「世のため人のためになるのが私の生まれてきた使命だ」みたいに本気で信じている人もいます。

しかし、それだって結局は自己快感です。

ボランティアをした結果、最終的に自分が気持ちいいからするだけの話です。人のためになっていると思い込むのが快感。誰でも人に喜ばれると嬉しいものです。

電車のなかで化粧をしている女の子が昨今マスコミで話題になっているようです。

テレビに出てくる評論家たちはみな、深刻な顔をして批判をしています。なかには電車で化粧をする女の子は一種の脳障害であるとする本も出ているようです（『平然と車内で化粧する脳』澤口俊之、南伸坊共著）。

たしかに人間は社会との関係性で生きています。自分が存在していても、まわりが何も見えなければ、世界が存在していないのと同じことです。

つまり批判をする人たちというのは、「まわりの人間の存在を考えろ」と言いたいわけです。

しかし、僕はぜんぜん気になりません。

彼女が僕の存在をまったく気にしていないのと同じように、僕も彼女の存在をまったく気にしていないからです。彼女たちは彼女たちなりに自己中なだけなのです。

自己中が批判されるのは仕方のない部分もあるのかもしれません。しかし「そう言う自分は自己中ではないのか」と考えることも必要です。たいていの場合は、みんな過剰反応しすぎだと僕は思ってしまうのです。

僕は無駄に敵をつくらないタイプです。相手に自分が見えていないのだったら、自分も相手を見なければいい。ただそれだけです。

日本人って少し心配性なのです。ちょっとしたことで「このままでは日本はどうなってしまうのか」などと深刻な顔をする。しかし、そう煽動《せんどう》する文化人たちを含めて、自己中でない人なんていないのです。

みんなでもっと仲良くやりましょうよ。

若いうちに悟ってはいけない

なんどかふれたように以前「マイサクセス」という言葉が使われていました。つまり、一般的に考えられてきた成功のパターンではなく、個人の価値判断によって成功度を判断すること。簡単に言ってしまえば、貧乏人なら貧乏人なりの自分の夢を実現させればそれでいいという考え方です。要するに、自己満足ですね。

世の中には、大金持ちになりたい人もいるけれど、フリーターをしながらバンドを続けたい人もいる。花屋になりたい人もいるし、ラーメン屋になりたい人もいる。各自がそのなかで満足して完結することができれば、それが良いか悪いかは別としても社会はまとまるはずです。

それに対して僕がとやかく言う権利はありません。

しかし、僕個人はこういう生き方は非常につまらないと思うのです。

「自分の限界はこの程度のものだ」と悟ったときに、未来への道は断たれます。悟ってはだめなのです。僕に言わせれば悟りとは逃避に過ぎないからです。

仏教なんかでもそうですが、「悟り」とは真理に到達するものだと一般には考えられています。しかし、よく考えるとこれはただ論理的に真理を追究することから逃げているだけなのです。

要するに悟ったと思った瞬間から真理の追究をしなくて済むわけですから。

真理に到達するのは不可能だと思ってあきらめて、自己暗示をかけて自分を納得させる。それが悟りの境地、と言われているものですよ。

たとえば大金持ちになるのは、客観的に何かに到達することでしょう。しかし、自分の精神世界のなかだけで完成してしまう「悟り」なんて、一種の脳内麻薬のようなものだと思うのです。世界は自分の視点だけで完結していて、自分の知らないことは起こっていないことと一緒という、ある面ではそれは真理でしょう。しかし、やはり僕は逃げだと思う。

「マイサクセス」という点で新しい成功例を提示している人がいます。たとえば、サンクチュアリ出版という出版社を立ち上げた、高橋歩さんという人がいます。おそらく僕と同い歳ぐらいでしょう。映画「カクテル」を観てどうしてもバーを経営したくなり、大学を中退して仲間とアメリカンバーをはじめます。軌道にのって四店舗まで増やしましたが、彼は自伝が書きたくなって、そのために出版社をつくったのです。その自伝はベストセラーになりました。その後、彼は何冊か本を出すと仲間に会社を譲り、世界放浪の旅に出てしまいました。しばらくして日本に帰ってきて、今度は沖縄に移住して、カフェバーとビーチハウスを経営、自給自足の自由学校を計画したり……という人生です。

これもひとつの価値観です。マイサクセスといっても、彼はきちんとした信念を持って、逃避でも悟りでもなく、ただやりたいことをやっているだけなのでしょう。しかし、彼に惹《ひ》かれてそこに集まってきている人たちというのは、少し怪しいのです。そこに行けばなんとかなるだろうと思ってしまっている。

僕が言いたいことは、マイサクセスも下手をすると、一種の悟り、一種の逃避になってしまうということです。

仏陀が悟ったときは、まだ科学技術が発達しておらず、死の本質を解明しようとしてもできなかった時代のことです。それなので、当時は苦難を乗り越えるために「悟り」という自己暗示をかけるしかなかったし、また、それが最良の解決策だったのでしょう。キリスト教も同じです。

しかし、問題はそれから後です。科学の発達にもかかわらず、人類は二〇〇〇年間同じようなことをやってきたわけです。

宗教というのは死という現実からの逃避に過ぎません。それを「悟り」という都合のいい言葉に置き換えただけの話です。「逃げ」と言われたら格好悪いけど、「悟り」と言われたらなんとなく格好いい。でもダマされてはだめです。

宗教は死を正当化し、そこから逃げるためのツールです。逃げてはだめなんですよ。人間の可能性を否定してしまっていますから。

自分の可能性はできるだけ大きく見積もっておくべきです。

成功体験をもてるかどうか

僕がいつも心がけていることは、とにかくでかいことを考えて、とうてい実現できなさそうなことを考えて、それを実際に実現させるということです。とはいってもいきなり大きな目標には到達できません。ひとつひとつ身近な目標を達成していくことで、「俺の思っていることは全部できるのだ」という自信をつけていって、さらに次の目標に向かっていくことだと思います。この成功体験の積み重ねが大切なのです。

僕が大学一年の頃はまだバブルの余韻があって、塾の講師とか家庭教師とか、それ以外にもイベント関係のバイトなんかがたくさんあった。それでかなりのお金を簡単に稼ぐことができたのです。

そして時間の余裕もありましたので、日本中をヒッチハイクでまわりました。北海道までは行きませんでしたが、東北から鹿児島までほぼ日本を縦断しました。

「ヒッチハイクって難しいのではないですか」と聞かれます。でも楽勝ですよ。ほんとうに楽勝。ナンパと一緒で、とにかく声をかけまくればいいのです。ヒッチハイクというとトラック野郎みたいなステレオタイプなイメージがありますけど、そうじゃなくて家族連れやカップル、仕事まわりの営業車とか、のべつまくなしに声をかければいいのです。一人で車に乗っている女の子にも僕は声をかけていました。

ナンパの鉄則は、声をかけやすい場所で声をかけるということ。これはヒッチハイクの場合も同じです。

僕が声をかけていたところは、パーキングエリアやサービスエリア。どんなパーキングエリアでも車は必ず立ち寄りますからね。東京の港北パーキングエリアまで自宅から電車で行って、従業員用の入口から忍び込む。車がいっぱい止まっているので、そこに頼みに行くわけです。一〇台に声をかければ一台は乗せてくれる。三〇台に声をかければ確実に乗せてもらえます。三〇台に声をかけてだめだったことは一度もありませんでした。

もちろん最初はビクビクしながらでした。それでも「乗せてくださーい」みたいな軽いノリでやると、一人旅のドライバーなんかは暇なので乗せてくれるのです。

当たり前の話ですけど、最初の一人に声をかけなければはじまらないのです。とにかく声をかけること。そうすれば必ず成功するのです。

繰り返しになりますが、これはビジネスでも同じこと。最初の一人に声をかけてものを売らなければはじまらないのです。

ヒッチハイクをするとき、僕はショート狙いでした。要するにサービスエリアごとに短い距離を乗り継いでいくわけです。鹿児島に行ったときには、一〇台くらい乗り継ぎました。ロング狙い、つまり一気に大阪や九州まで行く車を狙う人もいますが、僕は同じ人とずっと一緒に乗っていると飽きてしまうのです。それでこちらが眠くなってしまうと悪いじゃないですか。でも寝てましたけど。

途中で「俺、寝るから運転を代わってくれ」と言われることもありました。しかし、そういうほうがむしろ楽なのです。ヒッチハイカーの役割は、要するに話し相手、暇つぶしの相手になることです。それなので、あまり寝ることができませんし、話のネタだって尽きてきます。

たまには面白くてすごいおじさんがいますが、多くはそれほど面白くはない人です。「いまはまあいいけど、いつまでもこんなことしてちゃいかんよ」とか「あとから社会に貢献する大人になれよ」みたいなことをとくとくと説教されるわけです。一、二時間だったらいいですけど、半日はもたない。

だから二つか三つくらいのパーキングエリアで乗り換えるわけです。

ヒッチハイクを繰り返しているうちに、時間もかなり正確に刻めるようになりました。僕の場合、パーキングエリアで三〇分以上さ迷っていたことはありません。半日にどのくらいの距離を進むことができるかを計算して、目的地までのスケジュールを組むわけです。

一番最初のヒッチハイクは忘れませんよね。はじめて成功したときの記憶って鮮明に残ると思いますが、それが成功体験です。こういった成功体験の積み上げが大切なのです。「自分はできない」と思い込んでいる人は、「俺はできるんだ」と自己暗示をかけてしまう。ほんとうは誰でもできることなのです。だから、しなければだめなのです。

ヒッチハイクの例に限らず、こういう成功体験って実はどこにでも転がっているのです。わかりやすい、小さな成功体験を積み重ねていくことが、「上」を目指すためには必要なのです。

成り上がりの手本がなくなった

最近、いわゆる「成り上がり」がいないと思いませんか。矢沢永吉ではないですけど、かつてはプロ野球選手やミュージシャン、タレントといった「成り上がる目標」みたいなものがあったと思うのです。それ以外にも玉の輿《こし》に乗るとか、逆玉とか、いくつかのサクセスストーリーのパターンがあったと思います。

ところが、いまの時代はそういう成功物語が少し非現実的なものになってしまっているのです。サクセスするための、上に登るための階段が見えにくくなっているので、はじめからお金持ちになるのをあきらめてしまい、「僕は僕なりの夢を追求します」と自分の枠に収まってしまっている。

具体的な成功のサンプルが見えにくいので、上に登りようがないわけです。

それなので、そのサクセスストーリーを見せてあげることが、いまの停滞した時代を打ち破る上で一番大切なことだと僕は思っています。ヒーローをつくって、わかりやすい例を見せるべきなのです。

いま、夜の銀座にも金持ちのお手本がいなくなったといわれています。しかし、お金を使っている人はいるのです。「楽天」の三木谷さんなんか、ヴィッセル神戸というサッカーチームを丸ごと買ってしまったくらいですから。

しかし、やはり、そういったお大尽《だいじん》は「数」が少ないのでしょう。それにほんとうのお大尽というのは、大枚をはたくだけでなく、遊び方の年季が大事とされますし。

だからいまどき銀座に集まる人の大部分は、成り上がりとか、金持ちといってもせいぜい小金持ちのレベルです。最近はオッサン向けのカルチャー誌が流行っているようですが、そういう男性雑誌でも京都遊びの特集なんかがあって、小金を持ってるオッサンが週末に京都に行って遊んで帰ってくるらしい。しかし、中途半端に祇園で芸者遊びをしても笑われるだけです。個人的なことをいえば、若い素人の女の子と遊んでいたほうが数倍楽しい。プロとはお金を払えばいつでも遊べるので面白みがないのです。金さえ払えばどうにでもなる世界ではなく、ゲーム的要素がないとつまらない。女遊びには駆け引きが重要なのですから。

話がそれましたが、要するにこういった中途半端な小金持ちには魅力がないのです。いくら出世しても、会社の経費で多少銀座で飲み食いできるようになる程度では、若者が同じ道を目指そうと思わなくなるのは当然です。

もっと大きな事業を立ち上げて、意識的に成功例を呈示していかなければだめなのです。

僕はいま、これまで見過ごされた一〇代の起業家を支援するプロジェクトをやろうと思っています。

これは多分楽勝で成功します。オーディションをやって頭のよさそうな人材を集めて、僕の人脈を使って仕事をどんどんつけていく。そうすればあっという間に、二〇億、三〇億円の売り上げをあげることができると思います。そして株式を上場して成功する。

そういうわかりやすいサクセスストーリーだったら、「オレもあんなふうになりたい」とみんなが思うはずです。

若者の夢がなくなることで経済は失速していくのです。

僕たちが夢を見せることで、再び日本経済は活性化していくと思います。

こだわらない・悩まない・即決する

僕は会社の経営で悩んだことはありません。すぐにシンプルに決断する。これは僕の「こだわらない」性格と関係があるのでしょう。僕の長所も短所もこだわりがないところだと思います。

短所としては、ものごとを深められないという部分があるでしょうし、長所としては他人から見れば扱いやすい部分もあるのかもしれません。

会社で着ている服にもなんのこだわりもありません。僕の場合、好みというより人に見せるために着ているのです。つまり仕事の一環として服を選んでいるわけです。それなので、ダーク系のブランド物を着ることが多いのですが、「三〇歳くらいの会社経営者でわりとカジュアルで、しかも相手に失礼にならないくらいのカッコイイ服」というイメージで選んでいます。スーツは面倒くさいのであまり着ません。腕時計は携帯電話で代用しています。

ブランドもいろいろです。今日履いている靴はたまたまゼニアで、靴下はカルバン・クラインですけど、普段はいろいろ。シャツもアルマーニだったりプラダだったり。ちょっとくずしてもいいときには、ポール・スミスでもいいのですが、ここのスーツは細身すぎて体が入りません。僕は細身ではないので、ヘタなものを着たらみっともないので冒険はできないのです。赤が好きなので、真っ赤な服を着たりもします。

とは言っても、自分で服を選ぶわけではなくて、たいてい女の子と一緒に買いに行きます。「これがいい、あれがいい」と選んでもらうのです。こだわりがないので、言われた服はそのまま買います。要するにポリシーがないのです。

タイプの女の子だってその時々でコロコロ変わるくらいですから。好きな女優も特にいなくて、いい女だったら誰でもいいのです。「若くてきれいな女の子が好き」。非常にシンプルでしょう。最近、年増好みの人が多いですけど、マザコンなのではないでしょうか。

趣味に関してもこだわりがありません。スポーツは年に数回、野球やサッカーの観戦をする程度。映画も特に嫌いなジャンルはなくてなんでも見ます。あえて挙げればスピード系・スリル系が好きです。トム・クルーズの「トップガン」は何回も見ました。先日アメリカに行ったときは、映画の舞台になったサンディエゴのミラーの海軍基地を見てきました。たまたま「リンドウズ」の本社がサンディエゴにあるので出張のついでだったのですが。

音楽は七〇年代から九〇年代まで幅広く聴きます。カラオケ用の練習のためです。十八番の曲はかなりあって、カラオケに行く相手の世代によって歌いわけますよ。定番のサザンは何十曲も歌えます。ビジュアル系やシャウト系のロックも歌いますし、V6やSMAPといったジャニーズ系も結構歌えます。人が歌うのを見て覚えたりもしますので、ヒットチャートに載っているような曲はたいてい歌えるのではないでしょうか。

自分の歌う曲にこだわりを持っている人がいますが、僕の場合、相手の趣味に合わせるのが目的なので、この場合はこだわりがないのが良い方向に向いているのかもしれません。

自分の部屋も、特にこだわりがあるわけではありません。以前、僕は都心に一軒家を持っていたのですが、部屋にはプラズマテレビやスクリーンホームシアターやオーディオセットが並んでいて、あとは変なオモチャやマンガ、CDなんかがたくさん転がっていました。「光るギター」とか使いもしないのに買ってきて……それで以前誰かに、「金持ちの中学生の部屋」と言われました。

このように僕はなんのこだわりもない月並みな人間ですが、結果的にはビジネスをしていくうえでプラスにでたと思っています。「若くてきれいな女の子が好き」と割り切るように、仕事上のパートナーを選ぶときにも悩みません。

ある程度は割り切って「仕事ができる人」を選ぶだけです。あまり複雑にものごとを考える人はだめなのです。最前線では何よりも「即決力」が大切なのです。

それは会社の会議でも同じことです。細かいことにこだわって大局を見極められない人というのがいます。というより、これまでの日本企業は、無駄な会議がほとんどだったと思うのです。

旧来の会社組織では、大勢が集まって長時間の議論をするのが普通でした。ろくに準備もせずに会議を始めるから、いつまでたっても結論がでない。会議の目的は結論をだすことです。ところが、会議のための会議に終わってしまうケースが多かったと思うのです。

それでうちの会社では、会議は極力シンプル化するようにしています。

事前にメーリングリストで意見を集め、それをレジュメにして用意する。それを読んでから会議に入れば、効率は圧倒的にあがります。

また、議論を仕切る人がいなければだめです。誰かが仕切らないと、議論はどんどんぼやけていき、結果的に何を話し合ったのかわからなくなってしまいます。

大勢で会議をおこなうと、議論に参加しない人が必ずでてきます。なので会議の参加者は最高で一〇人。また、人間の集中力はそんなに長時間続かないので、会議は短ければ短いほどいい。僕が参加している会議は、ほとんどが短時間で終わります。しかし、結論がでるまでは会議は終わりません。結論をだすのが目的ですから。

目的に向かってシンプルに向かっていく。細かいことにとらわれず、大局を見る。それが企業の成長スピードを加速するうえで大切なことなのです。

世の中は常ならず

土地価格や株価が暴落したとか円高ドル安になったとか、何かあるたびに大騒ぎしている人たちがいます。しかし資本主義の社会のなかで市場経済が成立している以上、そんなことは当然予測されることなのです。

投資には必ずリスクがあります。リターンを計算して、リスクをとる覚悟がないから大騒ぎする。要するに彼らは歴史から学んでいないのです。

たとえばいま、規制緩和が進んで、これまでの組織のあり方が変化してきています。会社でもこれまでの終身雇用から、労働力が流動化する方向へ流れています。そういった変化に対しては、必ず悲観論が登場してきます。しかし過去を振り返ってみれば、同じような変化はなんども繰り返してきていることがわかるはずです。

僕たちの住んでいる日本という国も、将来ずっと存在しているかどうかわかりません。消滅してしまった国は歴史上たくさんあるわけですから。まさに、「歴史は繰り返す」ということわざ通りなのです。大騒ぎしている人というのは歴史の上っ面しか見ていないわけです。戦後というごく短期間の歴史を一般化してしまい、戦後の特殊な状況下における安定こそがすべてだと思ってしまっている。特に戦後すぐに生まれた、まさにいま会社を牛耳っている世代は、当然起こりうる変化に、ついて行けてないわけです。

当然のことですが、永遠に安定している世の中なんて存在するわけがありません。「生々流転で諸行無常。万物は常ならず」というのが現実の世界なのです。『平家物語』のテーマもそうだし、科学でいえば、熱力学の第二法則やエントロピー増大の法則もそう。「無常」というのは世の中の真理なのだと思います。日常生活の隅々まで「常ならず」は満ち溢れているのです。

しかし、僕たちはつい「常ならず」を忘れてしまうのです。そしてそこに油断が生まれてしまう。これは気をつけなければなりません。

秋元康さんという作詞家がいます。

放送作家とかプロデューサーとか、そのときどきの仕事でいろいろな肩書きがついていますが、この人の何がすごいかといって、作詞という仕事に込められた、時代をみる眼だと思います。

たぶん僕より十五歳くらい年上で大先輩のはずですが、気がついたときからずっと彼の作詞した曲が流れつづけているという感じがします。歌手やタレントはつぎつぎと現れては消えていくのですが、作詞家・秋元康はいつもその時代の言葉をつくり出しています。

おそらく「無常」という感覚をすごくよく理解して仕事をしているのだと思います。そしてうつり変わる時代というのを、ごく冷静に、辛い時代だなどと思わず、逆に面白がって楽しんでいると思うのです。

このセンスですよ。

最近の若者は「どうせ先はだめだろうし、世の中が良くなるわけがない」と悲観的になっているといわれます。これは一見ある意味で無常を知っていることのように見えるかもしれませんが、そうではありません。そういう風にあきらめてニヒリズムに陥ってしまうのも、現状を動かしがたいものと考えているからです。

逆に考えればいいのです。

世の中は「常ならず」なのだから、いま貧乏な自分も、数年後には大金持ちになっていると。

僕は快感を知りたいのです。

「上」に行ったときの気持ちよさを知っているから、まだ先があることを知っているから、無常のなかにもフロンティアが見えているのです。
世の中が「常ならず」なら、その流転に乗って積極的に行動しなければ損なのです。
いま、旧世代がつくり上げてきたシステムが次々と崩壊しています。
これは若者が表舞台で活躍するチャンスの到来なのです。
この流れに乗ったものだけが、次世代の勝ち組になれるわけです。

できるやつはいいレストランで息を抜く

どんなに忙しくても食事には気を配りたいものです。それが最高の息抜きになるからです。仕事の流れを維持するためには、要所要所に息抜きのポイントをつくることが大切だと思うのです。

それで仕事が終わると東京中のレストランに出かけるようにしています。話題になる店は結構食べ尽くしているつもりです。もちろん食べすぎはよくありませんが、無理なダイエットはもっとよくないと思います。食事はパワーの源なのですから、食べた分は適度に運動して消費すればいいだけの話です。店名はだせませんが、渋谷の旧山手通り沿いのお鮨屋さんにはよく行きます。会社が渋谷にあった頃は、目の前にあったレストランにもよく通いました。

とにかく「今晩は何を食べようか」と考えることで、仕事もはかどるものなのです。お酒もよい息抜きになります。僕はこだわりがないので、なんでも飲みます。食べ物の好き嫌いもありません。辛いものも甘いものもＯＫです。率先して食べようとは思いませんがゲテモノ系もＯＫです。

しかし、こんな僕も子どもの頃は好き嫌いが激しかったのです。

僕の実家は貧乏でしたので、子どもの頃はまずいものばかり食べさせられていました。九州の内陸部の田舎でしたのであまり新鮮な食材がなかったのです。魚も川魚しかなくて、フナの煮つけなんかはほんとに臭くてまずかった。仕方なく食べていたのを覚えています。子どもの頃の「まずい」という記憶は強烈ですから、次第に好き嫌いが激しくなっていきました。

鯨の刺身もよく食わされていました。現在は捕鯨が制限されているので、鯨の刺身なんていうと贅沢に聞こえるかもしれませんが、僕が食べていたのは赤身のまずい部分で、いつも嫌だなあと思っていました。

鶏肉はブロイラーで皮の脂の黄色いところが臭くて苦手でしたし、カレーに入っている肉は筋肉みたいに固くて、母親に「カレーは肉抜きにしてくれ」とよく言っていました。

子どもは結構味覚が敏感です。だから、まずいものはやはりまずいのです。子どもの頃、まわりの大人たちを眺めながら「こんなまずい肉をよく食っているなあ」と感心していました。

いま、僕が食費に一番お金をかけているのも、そのときの経験の反動なのかもしれません。でも、美味しいものを食べていると、人は純粋に幸せになれます。美味しいものを食べる経験は、人を育てると思います。だから、食事をないがしろにする人は、なにか大切なものが抜け落ちているのだと思います。

そういえば評判のレストランには必ずオープン当初から常連さんというか、ひいきの客がいるもので、よくお会いするのでシェフに紹介されてみると、その方が仕事の先輩であったりします。できるやつは良いレストランの価値と効用を、ちゃんとわかってるなあと思います。

いま、「ライブドア」は様々な方面にビジネスを広げていますが、でも、食事だけはビジネスにしようとは思っていません。

レストランのプロデュースを持ちかけられてもすぐに断ります。

「オーナーになればいつでも一番いい席で食べられる」なんていいますけど、毎日同じ店には行きたくないでしょう。どんなにいい店でも三日通えば飽きてしまいます。それなので、絶対レストランプロデュースには手を出してはいけないと思っています。どうしても自分の自由になる店が欲しかったら、レストランを貸しきりにすればいいだけです。

家にコックを置かないかと誘われたこともあります。しかし、別に雇わなくても呼べばいいだけの話です。コックを自宅に呼んで料理をつくってもらっても、意外に安いのです。最近では出張のお鮨屋さんも増えています。ネタとシャリを持ってきて目の前で握ってくれるのですが、法外な値段を取られたことはありません。

僕が子どもだった頃にくらべてほんとうに便利な世の中になったと思います。「食」の分野も急速に進化しつつあるのです。

僕の仕事が成功してきたのは、こういったレストランの時代の進化にも影響を受けているのかもしれません。

映像メディアの未来はこうなる

時代の流れに気づくことができれば、おのずと次に打つ手は決まってきます。時代の流れの本流さえきちんと見ておけば、あらゆるものが時代の流れとして既定路線になっていることが見えてきます。

たとえばいま、時代の流れに翻弄されているのが映像メディアです。

現在、映像メディアのありかたが根本的なところで変化しつつあります。

映画やテレビの未来というよりも、ブロードバンドによる映像コンテンツ全体の未来をどう考えるのかが大切です。

はっきりしているのは、これまでの考え方では、現在の映像メディアは早晩だめになるということです。これは既定路線なのです。

テレビのあり方はインターネットの登場によって、すでに変化しています。一方的に放送された映像コンテンツを受け取るのではなく、ユーザーがオンデマンドで選択した映像コンテンツをとる世の中にすでに変わりつつあるわけです。

たとえばソフトバンクの孫正義さんは、JスカイBをつくったときに、「これは過渡的な投資だ」と言っていました。「将来的にテレビはブロードバンドになるので、それまでに映像コンテンツ関連のノウハウをストックしておきたいのでJスカイBに出資した」と。つまり、JスカイBへの投資は仮の姿だと言っていたわけです。その読みは的中しました。実際にいまそうなりつつあるのです。

ブロードバンドのユーザーが一〇〇〇万人を超えてくる。そうすると、オンデマンドでいつでも見ることができるネットの動画の可能性はすごく高まってきます。

僕が一番注目しているのは、インターネットの映像コンテンツは口コミでの「毀損《きそん》」がぜんぜんないこと、です。

映画でもドラマでもそうですが、大ヒット作というのは口コミで生まれます。「あの映画はよかったから、見たほうがいいよ」とか「あのドラマはゼッタイ面白いよ」と人々の噂になることで、一気に上昇していくものなのです。

しかし、これまでの映画やテレビドラマの場合、口コミで情報を仕入れてから実際にその番組を見るまでのハードルは、ものすごく高いわけです。

いくら口コミで面白いと聞いたとしても、わざわざ映画館に出かけていって、お金を払って映画を見る人はそう多くはないのです。いくら口コミで広がろうが、一定のパーセンテージの人しか動かないわけです。

これは、週替わりのドラマでも同じです。友人から口コミで聞いたドラマを見るのは、どんなに早くてもその日の夜、遅ければ一週間後のことです。その時間帯にテレビを見ている暇があるかどうかもわからないし、ドラマがスタートしてから回を重ねていたら、途中から見たいと思うかどうかもわからない。「最初から見ないのなら、ドラマは見ない」という人も結構多いと思うのです。どんなに魅力的なドラマだったとしても、テレビを見る意識や環境の変化が、せっかくのドラマの価値を目減りさせてしまうのだとも言えます。

もっと根本的なことを言うと、いま放送局が提供しているコンテンツはすでに飽きられているのです。

それで、テレビの視聴時間はどんどん短くなっているのです。テレビドラマの視聴率もどんどん下がっていて、いわゆる「月9」のドラマでもいまはあまり人気がないのです。一時間座ってテレビを見るよりは、携帯電話やインターネットでチャットやメールをやっているほうが楽しいわけです。さらにそこで出会いが生まれている。みんなテレビを見ているより、人と会っていたほうが楽しいのです。

外食業界が活性化している原因はここです。外食産業は人と会う場所を提供しているのです。これは出会い系サイトの影響も大きいでしょう。こういう形で人々のテレビに対するスタンスはすでに変わってしまっているのです。

ところが、ネットの場合はこうした変化を乗り越えていく部分がある。

友人からメールが届いて、「これがいいよ」と書いてあったら、そのアドレスをクリックすればいいだけです。つまり、口コミの番組を、いつでも好きなときに見ることができるわけです。毀損が少ないとはこういう意味です。

そういう流れはすでにできているわけです。

それなので、いま僕たちは「ブロードバンドシネマ」という事業をはじめています。オリジナルの映画を製作して無料で見せて、スポンサーをとる。そういうビジネスモデルを構築しはじめたのです。一五分ぐらいの映像コンテンツを、連続テレビ小説みたいな感じで一二回に分けて毎週放送していくのです。流れとしては、まず無料で見てもらって、その後ビデオ化していく。また、そこにCMをつけて広告収入でペイさせていく。

ネットの業界は、オリジナルコンテンツをつくることの可能性にまだ気づいていません。それで僕たちはいちはやく、オリジナルのコンテンツをつくりはじめたのです。

今後は、コンテンツのレベルが問題になってくるはずです。テレビ局並みの豊富なコンテンツがあり、さらに面白かったら、当然みんな見るでしょう。

面白い番組が、ただで好きな時間に見ることができるのだったら、普通見るでしょう。そういった当然の話を押さえていけば、そこに巨大なビジネスが生まれるわけです。僕たちがやっていることは、人々のライフスタイルの変化に合わせているだけなのです。

いま僕たちは「ライブドアストリームライン」でウェブドラマを配信しています。

この大きな流れは必ず来ると思います。

最終的にはテレビ番組並みの編成に持っていけばいいわけです。

さきほど広告の話がでましたが、映像コンテンツと広告の関係も劇的に変わっていくと思います。

僕が選んだ広告手法は、「アドバテイメント」と呼ばれるものです。

つまり、作品自体に広告要素を盛り込んでしまうわけです。

たとえば、ドラマ「電話の恋人」(出演・有坂来瞳、高田宏太郎)では、NTTドコモに協賛してもらい、番組のなかに、NTTドコモのFOMA端末を利用するシーンをたくさん取り入れました。

こういった手法は、「プチ美人の悲劇」（出演・とよた真帆、松嶋尚美）や人気シリーズになった「うさぎのもちつき2」（出演・葛山信吾、大谷允保）にも取り入れられています。

この「アドバテイメント」の優れた点は、作品中に商品やサービスが紹介されることにより、普通のテレビCMでは伝えきれない商品の利用方法や利用シーンなどを、自然な形でプロモーションできることです。

また、番組はいずれも三ヶ月間配信されるので、広告効果もかなり高くなるはずです。

要するに、既存のネット広告の枠にとらわれていてはだめなのです。

配信が終わったドラマは、映画館での公開やDVDでの販売を考えています。

このビジネスを立ち上げて、最初に作ったドラマ「来訪者」は、一日あたり約二万アクセスを達成しました。累計では一〇〇万アクセス以上です。

その時点で、十分な黒字採算ベースを確保することができました。

一つの作品にかけるお金は、告知費用を含めて二〇〇〇万から三〇〇〇万円程度です。

この程度だとかなりの利益がでる計算です。

そして、この事業は同時に、硬直化したこれまでの芸能界を揺るがすことになるとも思います。製作段階から収益を確保することができるので、若手の監督や役者に発表の機会を与えることができるのです。

このようにこれまでのテレビや広告のあり方が根本的に変化しているわけです。

ところがその変化について行けてない人があまりにも多い。

現在はブロードバンドシネマのCMの提供を、電通や博報堂といった広告代理店が拒んでいます。なぜなら自分たちの持っていたテレビ広告の市場が侵食されることを恐れているからです。

いまのテレビCMの多くは企業と広告代理店の共同著作権になっています。これは広告代理店側が自分たちの権利を守るためです。

実は、日本におけるテレビ局と広告代理店の関係は、非常に特殊なのです。

外国ではメディアを買う会社とメディアを売る会社はわかれています。テレビ局、メディアバイイングカンパニー、メディアセリングカンパニー（広告代理店）の三層構造になっているわけです。

ところが日本の場合、メディアバイイングカンパニーと広告代理店が一緒になっているのですね。そこで利ざやを抜いていたわけです。

メディアバイイングカンパニーの手数料は、三パーセントか四パーセントに過ぎないのですが、電通・博報堂といった広告代理店は一五パーセントもとっているわけです。手数料という形にして、わからないようにして独占していたわけです。こんなおいしい仕事はありません。それでブロードバンドシネマへのCMの提供を拒むわけです。

しかし繰り返しますが時代はすでに変わっているのです。

こんなぼろい商売がいつまでも続くわけがありません。インターネットが急速に発展してきたというのに、業界は旧態依然のままなのです。

ハードディスクレコーダーの登場で、テレビCMを飛ばして見ることができるようになりました。その結果、広告に頼るビジネスモデルはすでに崩壊しはじめているのです。

そこに気づくかどうかです。

気づいている人はまだ少ないのです。

番組の枠それ自体が売れなくなってきているということもあり、テレビ局は早晩ビジネスモデルを変えざるを得なくなるはずです。

衛星放送事業もあまりうまくいっておらず、結局全部合併してしまって、残っているのはスカパーだけ。それも追い詰められたのか、少し問題のある方法で会員を集めてきています。スカパーの会員を集めてきたのは、デジタルクラブという光通信とソフトバンクの合弁会社ですからね。

実際にはスカパーの価値は毀損しているわけです。

デジタル放送も投資負担の増大など障害が山積しています。ここには多分税金が投入されるのだと思います。

時代の流れに乗れないと大きな間違いを犯すことになります。

ライブドアが目指すもの

最後にライブドアの目標についてお話ししたいと思います。

いま、僕たちがなぜインターネットで商売をしているかというと、すでにメディアにおけるインターネットの占有率が一五パーセントを超えているからです。テレビのメディア占有率が約五〇パーセントですから、現時点でテレビの三分の一くらいまではきているわけです。

この流れは変えることができません。二、三年後には、おそらくインターネットはメディアとしてテレビを抜いてしまうと僕は思っています。

これまでお話ししてきた通り、テレビと違ってネットはインタラクティブなメディアです。それにニッチな部分もカバーできる。

ほとんどの人は、テレビを見るよりインターネットやメールをやっていたほうが面白いわけです。ネットの最大の魅力はコミュニケーションです。インタラクティブでニッチだから、自分の知りたい情報だけを確実に受け取ることができる。

一方、ただボケーッとテレビを見ているだけではこの高度情報化社会に取り残されてしまうわけです。

だからインターネットの面白さと優位性はゆらぎません。

多くの人がどんどんインターネットに流れて、テレビを見なくなる。実はすでにテレビは「ながら視聴」になってしまっています。音楽と一緒で、食事をしながら、あるいは他の作業をしながら、なんとなくテレビをつけておく。

大事なことは「ながら」ものに対しては、ビジネスは発生しにくくなるということです。

さて、インターネットがナンバーワンのメディアになると、当然広告費がテレビからインターネットへ大きくシフトしてきます。商品を宣伝する場合でもインターネットが最大の媒体になるわけです。

インターネットの場合、テレビと違って視聴者が番組を選択できます。テレビは自分の見たい番組を選んでいるようで、実は選んでいるわけではありません。番組の時間は決まっているし、見たい番組が同じ時間帯に重なることもある。たとえば大晦日《おおみそか》なんかは各放送局が熾烈《しれつ》な視聴率競争をするわけです。同じ時間帯に似たような番組をぶつけてきて、視聴者はどれを見るか迷ってしまう。

テレビの視聴率は当然分散するので、いくら視聴率が高いおばけ番組でも、せいぜい二〇パーセント、三〇パーセントです。でもそんな大ヒットはすでに激減の一途ですね。ところが、インターネットの場合、極論すれば、一〇〇パーセントを目指すことも可能なのです。いつでも好きな時間にアクセスして、見たい番組をすべて見ることができるのですから。

実際、インターネットの視聴率にあたるリーチという手法でいうと八割、九割はいくサイトもあるわけです。これはテレビではありえない視聴率です。

八割、九割いくのは、ポータルサイトだからです。「ポータル」とは、英語で「玄関」や「入口」を表す言葉。つまり、インターネットにつないだときの最初の玄関になるサイトが、ポータルサイトなのです。ライブドアのポータルサイトに設定した人は、インターネットに接続するたびにライブドアのサイトにつながることになる。それなので、莫大な視聴率を稼ぐことができるわけです。

だから、ライブドアはポータルサイトをやっているのです。

インターネットというナンバーワンのメディアで八割、九割のリーチを持っているメディアを獲得すれば、どういうことになるのか。

たとえばライブドアのポータルサイトだったら、そこから検索したり、リンクを辿ったりして、いろいろなサイトに行って、情報を得たり、ものを買ったりするわけです。

たとえばいま、トヨタ自動車がテレビでCMを流しています。それで皆トヨタの車が欲しくなって買うわけです。では、もし現在ナンバーワンのポータルサイトのシェアを持っているヤフーが車の宣伝をやったらどうなるでしょうか。最初はトヨタの車を売っているかもしれませんが、そのうちヤフーブランドという自社ブランドをつくって、ヤフーの車を売るようになるかもしれません。弱い自動車メーカーに、車をつくらせてヤフーブランドの車を売ることになってもおかしくないのです。

一方、テレビ局の場合、テレビ局の名前がついたブランド車を売ることはできません。なぜなら、テレビ局にはインタラクティブな仕掛けがないからです。

インターネット企業の場合、ライブドアだったら、「ライブドアカー」というブランドをつくり、そこで受注をやりますといえば、ダイレクトに受注できてしまいます。

そうなると営業マンはいりません。納車はどこかの下請けの工場や販売店にやってもらえばいい。つまりブランドの力だけで勝負できるわけです。

これはインターネットの登場以前にはできなかったことなのです。

インターネットの時代になって、メディアカンパニーとメーカーが一体化することによって、はじめて可能になったのです。

実は、日本の自動車メーカーがやっていることは、マーケティングとお金の管理、そしてブランドの管理だけなのです。実際に車を組み立てているのは、外注を請け負った中小企業です。以前は、自動車メーカーごとに系列の下請け企業があったのですが、いまは系列がなくなってきている。ということは、ブランドと資金力さえあれば、誰でも自動車メーカーになれるのです。

僕が考えているのも、だいたいこういった流れのなかにあります。ライブドアというポータルサイトを基盤とし、そこからあらゆる方向へブランド力の浸透を狙うわけです。

ポータルサイトのサービスを受けるときにはアカウントを登録することになりますが、そのアカウントを銀行口座や証券口座と連動するようにしていけば、そこをすべてお金が通るわけです。ポータルサイトのアカウントは口座を意味します。アカウントが決済口座になっていれば、すべてのお金の流れをつかむことができる。

これがライブドアの未来ビジネスの種です。

気づいた人の勝ち

これから商売をはじめたいが、何をしたらよいかわからないという人がいます。

僕にしたら、信じられない言葉です。

商売なんて無数にあるのです。ありすぎてよくわからないくらいです。ニッチなところに参画する余地はたくさんありますし、僕なんかスモールすぎて手をだせない商売がたくさんあります。

たとえば、最近すごく流行っているブログ（blog）をご存知でしょうか。

ブログとは、インターネットのブラウザ上で投稿から管理まですべておこなうことのできる日記（Weblog）作成サービスです。ウェブログだから略してブログです。

このサービスが画期的なのは、ホームページ作成の知識がなくても、簡単な作業で記事の投稿や画像のアップロードができることです。

インターネットがでてきたときの売り文句は「誰でも情報発信ができる」だったのですが、実際はホームページをつくる知識をもっていなかったりして、普通の人はなかなか情報発信ができなかった。しかし、ブログの登場によって、ホームページを開いて文章をタイピングする能力だけあれば、誰でも情報発信ができる時代になったわけです。

ブログの最大の特徴は、トラックバック機能がついていること。これは「逆リンク」という意味です。

たとえば僕がインターネットで公開しているブログの「社長日記」はわりと有名なんですけど（Googleで「社長」を検索すると僕の「社長日記」が一番上にきます）、そこにトラックバックがついた投稿がくると、それに投稿者のサイトのサマリーが表示されるのです。

そうすると、そのサマリーに面白そうなことが書いてあれば、僕の「社長日記」を見ている人たちはそこにとんでいくわけです。

いま、ライブドアのブログサイトでは、歌手の倉木麻衣さんや浅草キッドの水道橋博士といった有名人がブログをつくって公開してますが、要するに、そういう有名人のブログにトラックバックを貼れば、自分のサイトに誘導できるわけです。つまり、自分でアクセスを取ってこられる時代になったのです。もちろん、サイト自体が面白くなければだめですが、ブログによって情報発信が簡単になることによって、サイトのレベル全体の底上げもはかれると思います。

ブログにはいろいろなプラグインが付属していますので、ショッピングモジュールなども開設できる。インターネットの世界は決して完成してしまっているわけではなく、このように日々進化しているのです。

ブログの登場によって、また新しいお金の流れが出現しています。

たとえば、書評のブログを開いている人がいます。彼が毎日書評を続けることができるのは、それによってきちんとお金が入ってくるからです。彼が書評した本をたどりますと、オンライン書店のアマゾンドットコムのサイトにつながります。そして、その書評サイト経由で本が売れた場合、一定の金額がアマゾンから支払われることになっているのです。アマゾンにはこういったシステムができているので、誰でも書評でお金を稼ぐことができるわけです。

これはいくらでも応用がききます。たとえば、グルメのブログをやっている人もいますが、聞いた話だと、毎日必ず一件はブログ経由で予約が入るとのことです。将来的には、こういったところにもお金の流れが発生するはずです。

もっといえば、レストランの経営者がブログを書けばいいわけです。たとえば「今日は築地でいい魚があったから、ディナーでこんなメインを出そうかな」と書いておけば、うまそうだなと思った客が来るわけです。こういうことがいまほんとうにできるようになっているのです。

だからなんでも売れるのです。これまで売れてきたものはなんだって売れます。

この前はうちのサイトではアリの巣を売ったのです。

これは「アントクアリウム」という商品なのですが、NASAで開発したいわゆる飼育モノのオモチャです。容器のなかにアクアブルーの透明なゼリーが入っていて、そのなかにアリを放り込むと勝手に巣をつくる。いままで見たくても見ることができなかったアリの巣を三次元的に観察することができるというわけです。ゼリーに栄養が含まれているので、手間いらずで何もする必要がありません。これを紹介したら、意外とネット上でブームになって、売りきれてしまいました。

要するに、インターネットの登場によってなんでも売れる時代になったということです。そこに気づいた人が、大金持ちになれる。それだけの話です。

インターネットの世界はバブルなのではないか、将来行き詰まるのではないかと考えるのは無用な悩みです。ブログの登場に見られるように、インターネットの世界が拡大していくのは、まさにこれからなのですから。

おわりに　若いうちほどカンタンです

僕が大阪近鉄バファローズの球団買収に名乗りをあげたのは、二〇〇四年六月三〇日のことです。その少し前にある証券会社からバファローズを買収しないか、という提案を受けていて、この証券会社を通して申し入れをしようとしたのですが、まったく相手にされませんでした。会見でも開かないと正式オファーすらさせてもらえなかったのです。

近鉄とオリックスの合併交渉が進んでいる最中ということもあり、巷《ちまた》ではかなり話題になりました。

ご存知のように、近鉄側は僕たちの申し入れを拒否。球団数を削減して、一リーグ制に移行させようとしている他球団のオーナーたちも、一斉に反発したようです。

近畿日本鉄道の山口昌紀社長は、「球界の大改革をいまからやろうとしているんだ。それに逆行する勢力が仕掛けてきたものだろう。近畿日本鉄道をなめるなよ、という思いだ」と発言。

巨人の渡邉恒雄オーナーになると「オーナー会議で承認しなきゃ入れないんだから。知らない人が入るわけにはいかないだろう。僕も知らないような人が」と、まったくの門前払いというか、聞く耳を一切持たないという印象でした。

しかし、僕たちは自分たちだけが儲けようと思っているわけでは決してありません。

プロ野球の場合、共存共栄の関係を保っていかなければやっていけないのですから、彼らにとっても悪い話ではない提案をさせていただいたつもりだったのです。

ライブドアがバファローズを買収することで損をする人は一人もいないはずです。

近鉄バファローズは現段階で、年間三〇億円から四〇億円の赤字を出しているといわれています。それに対し、僕たちは具体的な改善策を提出しました。

たとえば、球団株式を発行し、株主になってもらうことでファン層を拡大したり、ストックオプション（自社株購入権）を選手に付与することでやる気を引き出す。また、ＩＴを活用して試合中継や情報配信を行うことなども提言しました。

そもそも、身の丈に合った経営をしていれば、近鉄の赤字の額がそんなに膨らむはずがないのです。ライブドアがバファローズを運営すれば、間違いなく二年で黒字になるはずです。

それならなぜ拒絶するのか。

いろいろ考えたのですが、オーナーのお年寄りたちの「若い奴は雑巾がけからはじめろ」みたいな単純なイジワルなのではないかと思うのです。

「自分たちはこれまで苦労してきて、やっと球団を持つことができたのだから、同じだけの苦労を味わえ」と。

時代遅れの感覚というか、嫌がらせの類ですね、これは。

最終的には自分たちも得をするのに、それを拒絶してしまう。情勢判断を誤っているのか、たんにイジワルなのか、自分たちがハイソサエティーだと誤解しているのか、そういうことが絡み合っているのでしょう。

もしかすると、「怖い」のかも知れません。

彼らが若者だった頃は、戦争が終わり、上の世代の人たちが一度清算されてしまった時代です。上の世代の「壁」がなかったわけです。それなので、「若い世代が旧世代のシステムを壊していく」ということが肌で理解できないのです。すでに戦争で旧世代のシステムは壊されてしまっていたわけですから。

本文のなかで何度も言ってきたように、旧世代の限界ですね。

彼らは利権を守るだけの存在になってしまっている。徳川幕府末期みたいなものです。誰かが内部から大政奉還の声をあげなければならないのは、みんなわかっている。でも誰も声をあげないし、決断ができない。

もうひとつ、今回のことで実感したのは、日本にはほんとうの金持ちがいないんだな、ということです。彼らが本物の金持ちだったら、そして本物の経営者だったら、今回のオファーには反対しないはずです。

ほんとうの意味で金も地位も名誉もある人はこういうことをやらないと思います。

彼らは要するにサラリーマン経営者なのです。

「オーナー」といっても、現在のプロ野球球団のオーナーたちは、ほとんど皆、サラリーマンです。巨人の渡邉恒雄オーナーもそうです。彼は読売新聞社の創業者ではありませんし、読売の株の大量保有者でもありません。日本テレビの株は多少持っているでしょうが、けたはずれの資産家ではないはずです。しかし、叩き上げで社内政治にはすごく強いので、自分のやっていることが王道だと思っているのでしょう。

彼らは会社のなかでせっせとキャリアを積み上げてきて、年寄りになってやっと栄光をつかんだわけです。彼らは嫉妬《しっと》の渦巻く社内政治のなかで勝ち抜いてきているので、社内に対してはすごく強い。要するに内弁慶なのです。

「一二球団が一〇球団になるのか知らんけど、伝統がそれぞれあるんであって、そう簡単に、金さえあればいいってもんじゃないよ。今度の人は消費者金融ではないけど」とも渡邉恒雄オーナーは言っています。

彼はもともと共産主義のひとですから、「こんな若僧の資本家にやられたくない」という気持ちがあったのかもしれません。

彼は一九四六年に共産党に入党していますが、そのときにはすでに共産主義のイデオロギーは古くなっていました。共産主義の場合、「下層階級出身の人間は資産家になれない」という前提があるわけですが、それは封建制の時代、身分間の移動ができなかった時代の話です。

いまの時代は労働者でも知恵次第で資本家になることができる。それが資本主義です。ベンチャーで会社を立ち上げれば、資本家の側に立てるわけです。そういうチャンスはいくらでも転がっています。

しかし、残念ながらあのオーナーたちには、会社のなかで出世して社長になるという、東宝の植木等のサラリーマン映画みたいな発想しかないのです。

まあ、そういう嫌がらせを続けていても、自分たちの首をしめるだけでしょう。二、三年嫌がらせしたところで、その間にプロ野球人気が下がり、ファンが離れていくだけです。

数年間、僕に雑巾がけをさせるつもりなのかもしれませんが、させたところで誰も得をしないし、なにも生まれない。その頃には、ライブドアは、球団の親会社相当のどこかの会社を買収しています。

現状をきちんと認識できない企業は淘汰《とうた》されるだけの話です。

ライブドアはまだまだ発展していきます。

球界にとっても、野球ファンにとっても、選手にとっても、企業にとっても、最善のオファーがなぜ門前払いされ、嫌がらせを受けるのか。

この国を悪くしている旧世代の「壁」がはっきり見えたような気がします。

やはり、僕たち世代やもっと若い世代がチャレンジしていかなければだめなのです。

向こうみずでも、いけいけドンドンでもいい。

失敗しても一番下は「ゼロ」です。いまの自分に戻るだけ。上は一〇〇億、一〇〇〇億円ときりがありません。

チャレンジすれば必ず結果は生まれてきます。
チャレンジしてください。
若いうちほどリスクが少なくてカンタンなのですから。

二〇〇四年七月二〇日

堀江貴文

その後の『稼ぐが勝ち』
ビジネスチャンスはどこにでも転がっている

僕が本書『稼ぐが勝ち』を出版したのは、昨年の七月のことでした。

その後、テレビとネットの融合が進み、さらには、僕個人の宇宙旅行ビジネスへの参入が本格化していったこともあり、「予言が全部当たりましたね」などと言われることもあります。

でも、「そんなの当たり前じゃん」と僕は思っています。僕は既定路線を語っただけですから。

むしろ、「皆、まだまだ考え方が変わらないな」「人間の考え方を変えるのは難しいな」とつくづく思います。

たとえば、お金の使い方も相変わらずです。

カンタンなお金の法則があるのに、それを理解しようとしない人が多い。

数学の問題を解くのには公式が必要です。

同じように、ものをつくるときは、物理法則を学べばいい。たとえば、ニュートン力学（慣性の法則、運動の法則、作用反作用の法則）があれば、ほぼおおざっぱな世界が説明できます。ニュートン力学をベースにしてさまざまな商品がつくられています。世の中を動かしている原理が、そこでは理論化されているわけです。

また、フラクタル理論というのが、一昔前にすごく流行りました。複雑で不規則な図形でも、細かいところを見ていくと、全体と同じ形が現れるという理論です。非常にカンタンな数式から、すごく複雑な図形が導き出される。

要するに、単純なものが自己増殖して、複雑なものが導き出されるわけです。

一見複雑に見えるもの、わかりにくいものも、実はそんなに難しい法則で動いているわけではなくて、世の中は意外にシンプルな法則で動いているのです。

それはお金に関しても同じことです。

お金の法則を知ってしまえば、商売はカンタンに成功することができるということを、本書ではあえてキャッチーな言葉を使って説明したわけです。

それでも、まだわからない人がいて「誰でも成功できるわけではない」なんて言ってくるのですが、つまり、儲かる商売があるのだから、それを選べばいい、ただそれだけです。

在庫がなくて、利益率が高くて、成長力のある商売を選べば必ず儲かります。そんな商売、世の中にたくさんあります。

僕は先日、「もし堀江さんがいま無一文になったら、どうやってお金を稼ぎますか」と聞かれて、「ネット上でアフィリエイトビジネスをやる」と答えました。

アフィリエイトとは自分のサイトから商品にリンクを貼り、そのルートを通して購入されると一定の金額がキックバックされるシステムです。これは誰でもできますし、年収二〇〇〇万円くらいまでは稼げます。

次に、デイトレーダー（註：一日に何回も株の売買をすること）をやります（現実は、株式投資はまだ一般化しておらず、一回でもやったことがある人は一〇〇〇万人以下、実際にアクティブに稼働している株式口座は一〇〇万口座程度だそうですが……）。

そして、アフィリエイトやデイトレードで稼いだら、そのお金をベンチャー企業に投資するか、自分で事業を始めますね。

それが成功すれば、だいたいゴールです。

一度金持ちになれば、あとはカンタンに勝つことができますから。たとえば、一〇〇〇億円を利回り一パーセントで回すと一〇億円になります。しかし、一〇億円しか持っていない人が一〇億円のキャッシュを生み出すためには、利回り一〇〇パーセントで運用しなければなりません。これは、不可能ですよね。

「ギャンブルは金持ちが勝つ」というのは、そういうことです。

同じ金額を賭けても、金持ちの場合は負けても痛くない。仮に負けてもギャンブルには波がありますから、いつかは絶対に勝つ。

つまり、金持ちは負けようがないのです。

こんなにわかりやすいお金の法則があるのに、どうして多くの人は儲からない仕事や貧乏を選ぶのでしょうか。要するにお金の法則がわかっていないわけです。

それはやはり教育の影響だと思います。あるいは、洗脳と言ってもいい。

みんな、そのマインドコントロールから抜け出せていないのです。

どう考えても合理的ではありません。わかっている人は大勢います。でも、わかっていながら変えようとしないのですね。惰性なんです。変えないことが楽だから、変えることをまず考えない。ずっと同じことを続けているのですね。人間の思考回路って、結構惰性でできています。親や学校から「貯金をしなさい」と教えられたから、貯金教になってしまっている。

「サンデー毎日」（二〇〇四年一二月五日号）のコラムで岩見隆夫さんが、僕が「超低金利時代には貯蓄するべきではない」と書いたことに対し、「この理屈はおかしい」「貯めれば次の計画が生まれる。はしから使えば、それまでではないか」と反論している。でも、それは合理的ではありません。借りて使えばいいのですから。これこそ貯金教の信者の典型ですね。

貯金教の信者から見れば、僕は異教徒みたいなものなのでしょう。僕に対する拒否反応がでてくるのは、「あれは邪教だ」という宗教弾圧みたいなものだと僕は思っています。

一方、僕は、貯金教の洗脳を解いているカウンセラーみたいなものなのです。

まあ、僕が「それじゃダメだ」と言って、むりやり洗脳を解くことがいいことなのかどうかという問題はありますが……。

お金を借りるためには、信用という無形資産が必要です。貯金教の信者は、有形資産のみを重視して、信用や知的財産権、人間関係といった無形資産をものすごく軽視しているのです。

貯金教が始まったのは明治維新の頃。富国強兵をする必要がでてきたが、日本には資源がありません。そこで、イギリスみたいに産業革命で富をつくり出した国、植民地からどんどん金を巻き上げている国から金を借りるわけです。

当時の日本国債は格付けがものすごく低かったので、八〜一〇パーセントと金利が高い。そこで、国民からお金を集めることを考えたのだと思います。三〜四パーセントの金利を払っておけば、国民は喜んで預けてくれる。

昭和に入って戦争が始まると、「戦費調達のために貯金しろ」と言い出す。戦後になると「高度経済成長をしなくてはいけないから貯金しろ」ということで、結局日本では一〇〇年以上にわたって貯金教の布教が行われてきたのです。

しかし、その貯金教もすでに限界に来ています。日本はすごく豊かになって、国債の格付けも上がっています。いまの日本では、金利一パーセント、二パーセントで、資金はいくらでも調達できるわけです。なので、国はわざわざ国民からお金を集める必要がなくなった。つまり、貯金教なんてもう必要なくて、むしろ消費をしろという話になったわけです。

一九八〇年くらいまでは、日本経済は貯金教によって伸びてきました。

しかし、オイルショックのときには、日本経済の成長が天井にきてしまった。その後は、土地バブルなどをつくり出して一〇年間くらいごまかし続けて、一九九〇年まで延命した。本当は身体が悪くなっていたけれど、麻薬を打って気持ちよくなって症状を隠していたのを忘れていたのです。

もう少し早く治療すれば、日本経済は立ち直ったかもしれませんが、さらに悪くなってしまい、そのツケがいま、噴出しているわけです。

いま、日本経済の現場は本当に混乱しています。

たとえば、「外資に日本が買われる」みたいな話ってよく耳にしますよね。「外資に儲けさせるのか」とか「ハゲタカがやってくる」とか、わけのわからないことを言っている人もいますが、国際金融時代にそういうことを言うのはナンセンスです。それは、「自分たちの権益を外国人に荒らされるのが不愉快だ」というような、単なる感情論です。こういう時代では、外資も内資も関係ありません。外国から日本にお金が入ってくるのはいいことです。「日本がいい」と思ってるから、お金が集まってくるわけですから。

お金なんて集めたもの勝ちです。お金が欲しくても、投資を呼び込めない国もたくさんあります。それに、外国ファンドのお金は、実は日本企業のお金が入っていたりするのですが、そういうところもわかっていない人が実に多いですよね。

また、国際金融時代ということで言うと、僕は消費税を海外と同じような水準にするべきだと思っています。ヨーロッパでも、イギリスは一七・五パーセント、フランスでは一九・六パーセントです。

そうすると、「貧乏人から税金を取るのか」と言う人が出てきます。貧乏な人ほど言うのですが、そういう発想だから貧乏になるのです。

金持ちから税金をたくさん取ると、金持ちは海外に逃亡します。残された貧乏人は逃げることができないので、貧乏のスパイラルに落ち込むだけです。

税金は、取れる人から取るのが一番いいのです。つまり、払わざるを得ない人から払ってもらう。子どもや自営業者にも税金を払ってもらう。貧乏人からも税金を取るのは当たり前です。でも、政治家は選挙の問題があるので、はっきり言えないわけです。

本書『稼ぐが勝ち』が、旧世代の人たちになんらかのショックを与えたとしたら、お金に関する無知によって旧社会が成り立っていたからなのかもしれません。

日本にはグレーゾーンがたくさんあります。同じことをやったとしても、そのときの趨勢によって、白か黒か決まってしまう。

法律でいけないと定められていても、赤信号を渡ってしまう人もいる、国道を制限速度オーバーで走ってしまう車だってあります。

青少年健全育成条例というのも「何、それ」って感じですよね。

皆、怖くて本音が言えなくなってしまっている。

マスコミやメディアは、そういう本音を隠して、建前だけでニュースを組み立てようとする。日本の週刊誌やワイドショーは、少し過剰反応しすぎなのだと僕は思っています。要するに、マスコミは正義の味方みたいな構図が古い日本人にはウケるのでしょう。

僕は、絶対行き過ぎだと思います。

それが度を過ぎると、「人間の命には値段がつけられない」「すべての人は平等だ」などと言い出す。そんなわけはありません。

日本人が海外で誘拐のターゲットにされることが多いのは、日本人の命の値段が高いと思われているからです。身代金の金額からして違うわけですから。

「人命は地球より重い」と言って、外国から失笑を買った政治家がいました。一九七七年のダッカ事件の際、当時の福田赳夫首相はハイジャックを行った日本赤軍のメンバーに身代金を払ったうえ、日本で拘留中のテロリストまでを超法規的措置で釈放しました。

本音と建前がひっくり返ったいい例です。

しかし、これから先の時代はあまりこういうことは通用しなくなるのではないでしょうか。

建前で成り立っていた旧システムが次々と壊れているからです。

出版界にしてもそう。

僕は将来書店が三つの業態に集約されると思います。あらゆるジャンルを揃えた超大型書店、売れ線の本と雑誌しか置かないコンビニ、キヨスク、それとインターネット書店です。

さらに書籍の配本を行っている取次にも革命が起こっている。

ネット上では書籍市場がどんどん大きくなっています。アマゾンドットコムは、中古本を含めて、ものすごい量の書籍を売っているわけです。

この先、アマゾン自体が取次になってしまえば、出版社がいらなくなるかもしれない。

アマゾンが作家に原稿をお願いして、編集者をつける。そして書籍を直接ネットで売る。で、印税の支払いもアマゾンからするわけです。

書籍の印税は通常一〇パーセントといわれていますが、「これからは一五パーセントにしますよ」と言って、作家の囲い込みをする。印税一〇パーセントなんて、出版社が勝手に決めた不文律みたいなものですから。

既存の出版社にとっては厳しい話ですが、でも、出版界にとって暗い話ではありません。業態が変わっていくだけです。

むしろ、コンテンツをつくっている人にとっては、未来は明るいはずです。一方の映像コンテンツも今後劇的に変わっていくはずです。旧来の一方通行のテレビから、インタラクティブな仕組みを応用したネット上のメディアが占める割合が増えていく。テレビを見ている時間をネットに誘導させるのは、実はそんなに難しくありません。それ以上に面白いことをネット上でやればいいのですから。

人間の三大欲求は食欲、性欲、睡眠欲です。この三つに関連するものは、普遍的で飽きないものが多い。食事に飽きることはないでしょう。寝不足のときの睡眠も気持ちがいい。睡眠に飽きてしまったという人はいません。生まれてこのかたずっと睡眠って気持ちいいわけです。

そういう人間の三大欲求を満たすものに絡むビジネスは、普遍的で長続きする。テレビはそういうものではありませんから、ネット上でそれをやればいい。

本音で世の中を眺めてみれば、ビジネスチャンスはどこにでも転がっています。

旧世代の建前が崩壊したいまこそ、「稼ぐが勝ち」なのです。

二〇〇五年八月

堀江貴文

社ニッポン放送」の第三者割当による新株予約権発行差止仮処分命令が決定。「株式会社ニッポン放送」が新株予約権発行差止仮処分命令決定に抗告。東京高等裁判所が抗告却下。「株式会社フジテレビジョン」「株式会社ニッポン放送」と協議を開始する。**4月**「株式会社フジテレビジョン」に対して第三者割当による新株式を発行する。**5月**　2005 年 3 月の中間連結決算で前年同期比で 271.2 %増の 300 億円を達成したと発表。

ケーションズ」を完全子会社化。パソコンメーカー「株式会社 MCJ」と OS の供給で業務提携。**7月**　検索連動型広告サービスを行う「ジェイ・リスティング株式会社」を完全子会社化。**8月**　女性ポータルサイト「LIN」を運営する「株式会社アルチェ」を子会社化。ローンサービスを行う「株式会社ロイヤル信販」を株式交換により完全子会社化。**9月**　結婚・恋愛をサポートする「出会いステーション」の「株式会社キューズ・ネット」を株式交換により完全子会社化。携帯電話の自動返信メールシステム「カラメ」を運営する「株式会社サイバーアソシエイツ」を完全子会社化。携帯電話の画像保存変換サービス「ピクト」などを運営する「有限会社セッション」を完全子会社化。 2004 年 9 月の連結決算で 308 億 6800 万円の売上を達成。**10月**　中国でポータルサイト事業を運営する「Myrice Limited」を完全子会社化。**11月**「ライブドア証券株式会社」を完全子会社化。ソフトウェアの開発・販売を行う「弥生株式会社」を株式交換により完全子会社化。**12月**　プリペイド型の電子マネー「ビットキャッシュ」を管理運営する「ビットキャッシュ株式会社」を株式交換により完全子会社化。宿泊予約サイトを運営する「株式会社ベストリザーブ」を株式交換により完全子会社化。

2005年　H17　32歳

2月　出版社「株式会社幻冬舎」の子会社「株式会社幻冬舎ルネッサンス」と合弁会社を設立。マーケティングサービスを行う「株式会社ミクプランニング」を完全子会社化。「株式会社ニッポン放送」の株式の取得を開始。「株式会社ニッポン放送」の第三者割当による新株予約権発行差止仮処分の申立てを行う。**3月**「株式会社西京銀行」とインターネット専業銀行設立構想に関する業務提携契約書を締結。「株式会める。eバンク銀行の第三者割当増資に応じ、約15%の株式を取得して筆頭株主になる。**12月**　所有株式1株を100株の割合で分割。発行株式数は約5400万株へ。「1株あたりの単価が下がれば、今まで銀行に預けていたお金で株を買ってみようとも思いますよね。例えば日本の企業の株がすべて同じように買えるようになったらどうでしょうか。日本人の個人資産は1400兆円と言われていますけど、その10%の140兆円が株式市場に来たら、とんでもないことになります」(堀江)。

2004年　H16　31歳

2月「エッジ株式会社」から「株式会社ライブドア」へと社名変更。「社名は、芸能人が芸名を使うのと同じで、単純に〈売れる〉ためにある。エッジの名に愛着がないわけではないが、こだわりはない」(堀江)。**3月**　日本唯一の純国産Linux OSを開発・提供している「ターボリナックス株式会社」を完全子会社とすることを発表。Linux市場の拡大および活性化、Linuxテクノロジーのレベル向上、Linux市場におけるアジアのリーダーを狙う。**4月**　600万株の公募増資。調達額は358億6800万円。**5月**　6月末時点の株主を対象に、所有株式1株を10株に分割する「株式分割」を実施することを発表。「株主を増やして、ライブドアのユーザーにするプロモーション効果は抜群。株価が6000円だと小中学生にはリスクアセットとして高いので分割を決定した」(堀江)。**6月**　プロ野球1リーグ制、再編合併をめぐって話題のなか、大阪近鉄バファローズの買収オファーの意思を記者会見で公表。オプトインメール型広告を主要な事業とする広告代理店「Mail Creations.com,Inc.」(フロリダ州マイアミ市)を子会社化。携帯電話販売代理店「株式会社テントラー・コミュニを展開していた「プロジーグループ株式会社」を子会社化(2002年11月に株式交換により完全子会社化、2003年4月に合併)。**11月**　日本最大の無料プロバイダーを運営する「株式会社ライブドア」の営業全部を譲り受ける。ISP事業と関連サービス事業を含む譲渡を受けることで、コンシューマー向けビジネスの基盤の強化をはかることが目的。

2003年　H15　30歳

1月　商品情報・価格比較サイト「livedoor Price」を開始。AI（人工知能モデル）をベースにしたロボット型検索エンジン「SPAI」を使用することによって、検索の幅が広がった。**3月**　低価格で利便性の高いIP電話事業を進めるために、「エッジテレコム株式会社」を設立。固定電話事業に参入。「株式会社イーエックスマーケティング」を設立。市場調査・分析、マーケティング戦略立案から営業アウトソーシングの実務までを手がけるのが目的。**4月**「株式会社オン・ザ・エッヂ」から「エッジ株式会社」へと社名変更。「〈ヂ〉が〈ジ〉になったり、〈・〉が抜けていたり、取引先から会社名を間違われることが多かったから」(堀江)。**5月**　セキュリティ情報サービス「Net Security」「Scan Security Wire」の提供や、IT関係の市場調査レポート事業を展開している「株式会社バガボンド」を子会社化。セキュリティに関するノウハウなどの獲得が目的。**8月**　リナックスベースのOS「Lindows OS日本語版」を独占販売。「リンドウズの登場によって、閉鎖的だったOS業界が流動的になるのは間違いがない」(堀江)。8月20日付で、所有株式1株を10株の割合で分割。**9月**　2003年9月の連結決算で108億2400万円の売り上げを達成。このとき、社員は289人。**10月**　10月1日付で8万株の公募増資を実施。48億4872万円を集

2002年　H14　29歳

2月「株式会社クニリサーチインターナショナル」と電子メールソフト「Eudora」の日本語版開発・販売で提携。「Eudora」は1988年に米国で発表され、全世界で2000万人以上のユーザーに利用されているメールソフト。当初予定していた以上に好調な販売実績をあげる。「膨大な数のパソコンユーザーが必ずしも一社の製品（アウトルック）に満足できるわけがないからだ」（堀江）。**3月**　中小企業向けにインターネット・ビジネス・コンサルティング・サービス、及びレンタルサーバー事業を行っている「株式会社アットサーバー」を完全子会社化（2003年4月に合併）。**5月**　ドイツ現地法人「Livin' on the EDGE Europe GmbH」を設立。ヨーロッパ展開の拠点をつくるのが目的。**6月**「株式会社アスキーイーシー」の営業全部を譲り受ける。「アスキーストア」のノウハウと「オン・ザ・エッヂ」の技術力を融合させ、コスト削減やサービス拡充をはかることが目的。**7月**「AD4Portal（THAILAND）Co.,Ltd.」へ追加投資を行い子会社化。**8月**　首都圏を中心に、光ファイバー網によるスイッチングネットワークを構築し、マンション居住者や法人向けのインターネット接続サービスを行っていた「ビットキャット株式会社」及び「ビットキャットコミュニケーションズ株式会社」を完全子会社化（ビットキャット株式会社は2003年4月に当社と合併）。**9月**　2002年9月の連結決算で58億9000万円の売り上げを達成。このとき、社員は220人。ASP（アプリケーション・サービス・プロバイダー）事業やWeb構築事業を行う「株式会社スプートニク」を完全子会社化。CD-Rライティングソフト「Neroシリーズ」「CloneCDシリーズ」や、「SimDisc」「Internet」「XPTurbo」などのユーティリティー系ソフトウェアの企画・開発・販売

スペインの「CYBERCLICK AGENT S.L.」への追加出資により、同社を子会社化。**9月**　2000年9月（第5期）の決算で11億6340万円と大幅に売り上げを伸ばす。ウェブ制作事業の受注単価が、100万円前後から800万円前後に大きく伸びたことも影響。このとき、社員は83人。**10月**　中国・大連に「英極軟件開発有限公司」を設立。「中国北方のシリコンバレー」を目指す大連ハイテクゾーンに、資本金5000万円を投資した。ウェブ制作事業の生産能力確保などが目的。同時に、中央宣興タイランドグループと、「AD4Portal（THAILAND）Co.,Ltd.」を設立。海外への積極的な事業展開を進めていく。

2001年　H13　28歳

5月　無料インスタントメッセンジャー事業「YABUMI（矢文）」を引き継ぐ。「YABUMI」はアニメーションによりメッセージ着信を知らせる機能、チャット機能、グリーティングカード機能などを持つ。会員数は約11万人。**7月**　シンガポールの日系有力広告代理店である「FLE SINGAPORE PTE LTD」と業務提携。シンガポールに駐在事務所を開設する。ウェブプロデューサーの育成を目的とする教育機関「イノベーションラボ」に出資。「ビジネス現場と制作現場の橋渡しができる人をひとりでも多く輩出したい」（堀江）。**9月**　2001年9月（第6期）の決算で29億2154万円の売り上げを達成。このとき、社員は153人。関連会社「株式会社フープス」の全株式を、「楽天株式会社」に対し譲渡。**12月**　レンタルサーバー事業を展開している「株式会社パイナップルサーバーサービス」を完全子会社化（2003年4月に合併）。サーバー関連事業の拡大を狙う。

ン・ザ・エッヂ」急成長の原動力になった。

1999年　H11　26歳

2月　1999年2月（第3期）の決算で2億5914万円の売り上げを達成。このとき、社員は9人。**9月**　決算期変更のため、7ヶ月の決算を発表。1999年9月（第4期）の決算で2億6301万円の売り上げを達成。このとき、社員は20人。**10月**「株式会社サイバーエージェント」と共同で、スペインに「CYBERCLICK AGENT S.L.」を設立（2000年6月に同社を子会社化）。ヨーロッパにおけるサイバークリックの販売が目的。**11月**「株式会社サイバーエージェント」と共同で、インターネットコミュニティの運営を目的とする「株式会社フープス」を設立（2001年9月に同社を売却）。この頃、急速に事業規模が拡大していく。

2000年　H12　27歳

1月　事業拡大に伴い、渋谷（東京都渋谷区渋谷三丁目3番5号）に本店を移転。**4月**　東京証券取引所マザーズについに株式を上場。マザーズ上場銘柄としては7社目。同時に1000株の公募増資を行う。投資事業を目的として「株式会社キャピタリスタ」を設立。携帯情報端末向けのシステム開発を目的として「株式会社スクイズ研究所」を設立。データセンター事業「データホテル」開始。従来のデータセンターが単に設備を提供しているだけなのに対し、「データホテル」は、サーバー管理を含めた多様な総合サービスを提供することを目的とした。「ホテルの名の通り、心が通ったサービスの提供を進める」（堀江）。**5月**　EC（エレクトロニック・コマース）サイト構築に特化した100%出資子会社の「株式会社エッヂコマース」を設立（2001年12月事業統合）。**6月**

ボクがこれまでやってきたこと
ゼロから起業、オン・ザ・エッヂからエッジ、そしてライブドアへ

1996年　H8　23歳

4月　東京都港区六本木に「有限会社オン・ザ・エッヂ」を設立。資本金は600万円。コンピューターネットワークに関するコンサルティング、コンピューターネットワークの管理、コンピュータープログラムの企画・開発・販売、ネットワークコンテンツの編集・デザインなど、総合的なコンピュータービジネスの展開を念頭においていた。たった7畳の雑居ビルの一室に中古のパソコンを揃えただけで、インターネットの専用回線も、準備が間に合わず、ダイヤルアップでのスタートだった。でも、会社を始めることに対する不安はまったくなかった。

1997年　H9　24歳

7月　当初はウェブの制作をメインの仕事にしていた。前年比200%という倍々ゲームの売り上げを達成。企業スピードを高めるため「株式会社オン・ザ・エッヂ」へ組織変更。資本金は1000万円。

1998年　H10　25歳

9月　インターネット広告事業としてサイバークリックを開始。これは「株式会社サイバーエージェント」の藤田社長に依頼されたもので、当時としては破格の値段、信じられないスピードで完成させた。2週間でプログラムを組んで持っていったら、「こんなに早く」と藤田社長もびっくりしていた。

12月　クリック保証型電子メール広告サービスのクリックインカム（現melma!）を開始。これらのサービスが「オ

本書は『稼ぐが勝ち』（二〇〇四年／小社刊）に、書下ろし原稿「その後の『稼ぐが勝ち』」を加えて文庫化したものです。

知恵の森文庫

稼《かせ》ぐが勝《か》ち ゼロから100億、ボクのやり方

堀《ほり》江《え》貴《たか》文《ふみ》

2005年9月15日 初版1刷発行

発行者―古谷俊勝
印刷所―萩原印刷
製本所―明泉堂製本
発行所―株式会社光文社
〒112-8011 東京都文京区音羽1-16-6
電話 編集部(03)5395-8282
販売部(03)5395-8114
業務部(03)5395-8125

ISBN4-334-78383-X Printed in Japan

お願い

この本をお読みになって、どんな感想をもたれましたか。「読後の感想」を編集部あてに、お送りください。また最近では、どんな本をお読みになりましたか。これから、どういう本をご希望ですか。どの本にも誤植がないようにつとめておりますが、もしお気づきの点がございましたら、お教えください。ご職業、ご年齢などもお書きそえいただければ幸いです。当社の規定により本来の目的以外に使用せず、大切に扱わせていただきます。

東京都文京区音羽一・一六・六
(〒112-8011)
光文社〈知恵の森文庫〉編集部
e-mail:chie@kobunsha.com